U0115647

巴雅尔 画

千年风云第一人

Man of the Millennium

——来自世界的东方崇拜

乌可力·策划　　巴拉吉尼玛　额尔敦扎布　张继霞·编著

内蒙古人民出版社

成吉思汗玉玺

　　失踪七八百年的成吉思汗玉玺在内蒙古成功研发和复制。

　　成吉思汗玉玺由印文和印纽组成，其印文藏于梵蒂冈档案馆。这是 1246 年 11 月大蒙古国可汗贵由致罗马教皇英诺森四世的一封国书（波斯文）上加盖的两处印章，印迹朱红色而印文相同，是同一印玺的两次钤压。印章为正方形，每边长各约 14.6 厘米，周围有长短不一的石刻边缘线。印文使用阴刻和阳刻两种手法，这在篆刻史上极为罕见。印文内容是：凭借长生天的力量，大蒙古国大海可汗（大皇帝）圣旨所到之处，所有的臣民必须敬之畏之！

　　玉玺印文仅仅 6 行 18 个字，但完整地体现了成吉思汗的思想及建国治国理念。

　　成吉思汗玉玺是最高权力的象征。贵由汗去世后却神秘失踪，距今已 800 多年。

　　据《北方新报》报道，2009 年 12 月 23 日，内蒙古北方民族文化遗产研究会成功复制了失踪 700 多年的成吉思汗玉玺印文。该印文由蒙古族书画家、篆刻家哈斯朝鲁教授按原形、原大、原文，原比例成功复制。

　　关于成吉思汗玉玺印纽的造型，至今尚未发现明确的记载。内蒙古北方民族文化遗产研究会和内蒙古成吉思汗文献博物馆多年在组织专家学者深入研究有关历史文献的基础上，最终确定白海青为成吉思汗玉玺的印纽造型。该印纽在北京富贵天使珠宝公司主持下，由雕塑家铁木先生精心雕刻完成。

　　成吉思汗玉玺是圣物，这是众多专家、学者参与完成的研发复制成果。

　　该玉玺 2014 年通过了专家鉴定。专家们认为，以白海青作为印纽，完全符合历史文献依据和玉玺印文内涵；体现了"世界帝王""神圣、强大和传奇"理念；反映了 13 世纪蒙古社会的信仰和价值观。

　　成吉思汗玉玺的复制研发成功为蒙元时期的文物增添了一枚稀世珍宝，作为成吉思汗三大文物之一必将载入史册。（研发复制原件现藏内蒙古成吉思汗文献博物馆）

玉玺印纽，由雕塑家
铁木先生设计制作

玉玺印文，由篆刻家
哈斯朝鲁教授雕刻

玉玺涵，由雕塑家
铁木先生设计制作

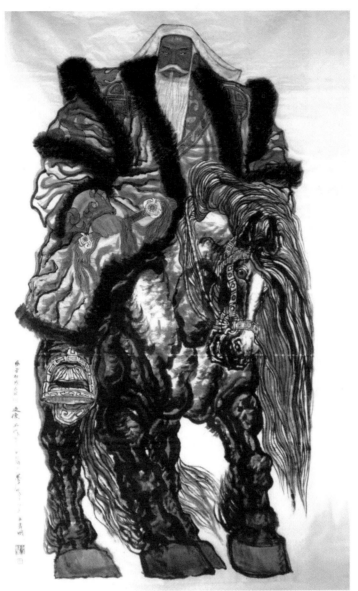

成吉思汗玉玺

巴雅尔 画

　　成吉思汗属于中华民族，属于整个世界，属于我们大家，要彻底拂去沉落在他身上的历史尘埃！

2015年 5月 31日

❧ 导 语 ❧

成吉思汗就在我们身边
——来自世界的 266 条新闻报道

一个人生前或死后，如果始终被他影响过的民族、国家和世界所铭记，那么这个人一定是伟人。成吉思汗就是这样的人。正如美国著名人类学家杰克·威泽弗德教授说："成吉思汗离开历史场景已经很长时间了，但他的影响将持续地萦绕在我们这个时代。他在塑造现代世界方面，超过其他任何人。在动员专业化战争、促进全球商业和制定持久的国际法准则方面，成吉思汗完完全全是一个现代人"。

成吉思汗逝世已近 800 年，但仍和我们同处于一个时代。历经沧桑，成吉思汗这个名字已经升华为英雄的象征、成功的符号。

2003 年我们推出了《千年风云第一人——世界名人眼中的成吉思汗》，已经过去 10 多年，但社会反响依然强烈。可以说，这部书已经影响了千百万人的观念和认识，起到了"扫清、正名"的作用。"千年风云第一人"这个名词已经或正在成为人们重新认识成吉思汗的新概念。

岁月能够修正对历史的认识。

当世界进入 21 世纪时，经贸文化的全球扩展，使不同国家变为相互依存的整体，信息思想的自由传播，把天涯海角变成毗邻村庄。800 多年前，是那个手握着凝血降生的男孩儿，为我们今天全人类的村庄，铺下了第一块基石。800 年后的今天，他所倡导、践行的普世价值观念，作为现代文明的重要象征，渐渐被全人类所接受和认同。这对于当前全面贯彻落实"一带一路"国策，实现全球经济一体化，也许是一个重要启示。

为进一步了解和读懂成吉思汗及成吉思汗文化，我们在原书的基础上，综合整理来自世界 60 多个国家和地区的 266 条新闻报道，编辑成为一部新作——《千年风云第一人——来自世界的东方崇拜》，奉献在读者面前。一段文字，是一种文化现象；一幅图片，是一个历史符号。字字句句，将我们的想象插上翅膀带到了现实。

通过这部新闻性极强的著作，相信读者一定会有一种切身的感受——成吉思汗就在我们身边。

丹森设计制作，呼格吉勒拍摄，坐落在敕勒川旅游文化中心

目 录

来自世界的 266 条新闻报道

一位杰出的万物之主：
成吉思汗——14世纪英国"文学之父"杰弗雷·乔叟

杰弗雷·乔叟

这位高贵的君王叫成吉思汗，
在他的那个时代威名远扬，
任何地方，任何区域，
都不曾出现过，
这样一位杰出的万物之主。

他为人公正，屡交好运，
一直保持着极其高贵的地位，
世上没有第二个人能如此，
这位高贵的君王，就是鞑靼的成吉思汗。

——杰弗雷·乔叟著《坎特伯雷故事集》（1395年）

  杰弗雷·乔叟（1343—1400），英国文学之父，被公认为中世纪最伟大的英国诗人，也是首位葬在维斯特敏斯特教堂诗人之角（Poet of Westminster Abbey）的诗人。作为诗人、哲学家、炼金术士和天文学家（为他十岁的儿子路易斯Lewis完成了关于星盘的著述）乔叟生前声名显赫。他在最著名的作品《坎特伯雷故事集》中写了一篇最长的浪漫传奇故事，讲述成吉思汗的一生及其事业。

草原上成吉思汗无处不在
——洪烛（中国散文作家）

乌兰巴托附近博格达罕山麓用大型白色石头堆砌的成吉思汗像

草原上已没有大雕了，甚至很难见到弯弓搭箭的猎人，可成吉思汗的影子却无所不在。

我是特意来拜访成吉思汗的。虽然他已经不在了，整个草原，不亚于缺席的宝座——被寂寞的苍穹拥抱着。我仍然蹑手蹑脚，怕惊动了亡灵的世界。

成吉思汗，一个古老民族的领头羊啊，他的权威，他的尊严，似乎至今也不曾消失。哪怕他本人的葬身之地都是个谜。

从某种意义上讲，他的一生都在营造一项巨大的工程，使整个蒙古大草原都成为自己的陵园。他也确实做到了。

问一问那些沉默寡言的游牧者：他们可曾怀念成吉思汗的时代？英雄创造的业绩，是太难超越了。他们更像是心悦诚服的守陵人，世代相传地守护着那历经时光消磨而未缺损、未变质的荣耀。

英雄就是英雄，是历史舞台上唱主角的。与之相比，我、你、他，都属于凡人，都属于配角。这不得不承认。

一位叫布尔霖的美国学者认为："中国之兵学，至孙子而集理论上之大成，至元太祖成吉思汗，而呈实践上之巨观。"没有比他更勇猛的武夫了——曾经大肆涂改过世界的版图。哦，真正是大手笔！有人说：拿破仑都不得不拱手认输，不敢去争那顶"世界上最伟大的征服者"的桂冠。

莫·阿斯尔设计

巴尔扎克有句名言："拿破仑用剑建立的功勋，我也同样可以用笔去获得！"

在成吉思汗面前，我们却永远不敢说这样的大话。他只会令文人意识到笔的无力。

我更愿意在草原上信马由缰（而不是在纸上），体验一番作为天地之子的自由感觉。在成吉思汗眼中，国界、种族、方言乃至时间——都是没有意义的，江山大一统，自己才是主人，世界永远超脱不了他箭的射程。现代人变得越来越谦卑、胆怯了。何时才能恢复他的胆量？可以说，巨人首先是靠胆量成为巨人的，然后才靠膂力。

这支摧枯拉朽的利箭早已射出去了，再也找不到踪影。只留下了空荡荡的弯弓，供后人参观。它永远只是陈列品，再没有谁，能把弓弦撑开了（这简直需要神力）——甚至连尝试的勇气都没有了……

我面对的是一片松弛而缄默的草原。我与草原之间，隔着一个人的影子。

蒙古族人把成吉思汗的名字，供奉在内心的殿堂。他们怀揣着精神上的火种四处流浪，甚至流浪都是一种骄傲。

世界曾经因为他而颤栗。这个最伟大的流浪汉，一只脚站在亚洲，一只脚跨向欧洲。他仅仅跨了一步，就在地图上留下巨大的足迹。可以说，他的步伐，他的身影，改变了人类的进程，以及我们的生活。

草原既是他的诞生地，又是他的安葬地。他甚至没有在草原上留下一块明确的墓碑，却让整整一个喧嚣的时代为自己殉葬。这是最朴素同时也最华丽的葬礼。

草原仿佛有两个，一个是属于现实的，一个是属于亡灵的。我热爱它的真实，又痴迷于它的虚幻。就后者而言，我仅仅是在成吉思汗的领地上做客。我没法不激动，没法不紧张。

在内蒙古，必须首先学会和幻影交往。因为成吉思汗的影响无所不在。

他与其说是一个人，一段历史，莫如说是一种延续至今的传统。

——摘自《中国当代散文排行榜》，原载《西北军事文学》，2001 年第 5 期

世界上最文明的国度蒙古帝国
——来自中国台湾权威媒体综合分析

蒙古帝国　蒙古画：乌云额尔德尼作

　　最近，中国台湾权威媒体播放了一段访谈视频，以独特的视角解读了当年的蒙古帝国，可能与我们的看法和理解有很大不一样。认为：这里没有人种的等级区分，法律明确，有秩序，治安最安全，商业入股模式，纸币全民流通。这里并不是野蛮的帝国，是世界文明的顶点。这就是成吉思汗的蒙古帝国。

——来自腾讯视频 2016-3-12

各国领导人热议成吉思汗
——世界 69 位国家首脑眼中的成吉思汗

　　成吉思汗，作为强符号已成为世界关注的焦点。近年来世界上掀起了广泛而持续的成吉思汗研究热潮。《千年风云第一人——69 位国家首脑论成吉思汗》展板，一方面展示了成吉思汗文化的世界性；另一方面反映了世界的成吉思汗文化的无限魅力。充分说明成吉思汗属于中华民族，属于整个世界，属于我们大家。

一 人

ennium

世界69位国家元首眼中的成吉思汗

各国领导人热议成吉思汗

🎇 69 位国家首脑的名单

元太宗窝阔台（1186—1241）

金朝皇帝金哀宗（1198—1234）

元宪宗蒙哥（1208—1259）

法国国王路易九世（1214—1270）

元世祖忽必烈（1215—1294）

明太祖朱元璋（1328—1398）

清太祖努尔哈赤（1559—1626）

清圣祖仁皇帝康熙（1654—1722）

俄国罗曼诺夫王朝第四代沙皇彼得大帝（1672—1725）

清高宗纯皇帝乾隆（1711—1799）

法兰西共和国第一执政拿破仑（1769—1821）

清宣宗皇帝道光（1782—1850）

中华民国第一任大总统孙中山（1866—1925）

苏维埃国家的缔造者弗·伊·列宁（1870—1924）

苏维埃国家元首约·维·斯大林（1879—1953）

美国第26任总统西奥多·罗斯福（1882—1945）

蒙古人民共和国前总理阿·阿穆尔（1886—1941）

中华人民共和国人大常委委员会委员长朱德（1886—1976）
中华人民共和国副主席董必武（1886—1975）
中华民国1-5任总统蒋介石（1887—1975）
印度国第一任总理尼赫鲁（1889—1964）
中华民国代总统李宗仁（1890—1969）
中华人民共和国前国家主席毛泽东（1893—1976）
日本裕仁天皇（1901—1989）
中华人民共和国前国家副主席乌兰夫（1906—1988）
塔吉克共和国前领导人 Б.Г.加富罗夫（1908—1977）
罗马尼亚社会主义共和国大民国议会主席米隆·康斯坦丁内斯库（1917—1974）
德国前总理赫尔穆特·施密特（1918—）
汤加王国国王陶法阿豪·图普四世（1918—2006）
阿塞拜疆共和国总统阿利耶夫（1923—）
美国第39任总统吉米·卡特（1924—）
新加坡共和国总统纳丹（1924—）
韩国第15任总统金大中（1925—2009）
意大利国第11任总统乔治·纳波利塔诺（1925—）
梵蒂冈教皇本笃十六世约瑟夫·阿来士·拉辛格（1927—）
埃及总统穆巴拉克（1928—）
印度共和国总理曼莫汉·辛格（1932—）
法兰西共和国第5任总统雅克·勒内·希拉克（1932—）
俄联邦布里亚特共和国总统里昂尼德·瓦西里维奇·波塔波夫（1935—）
老挝人民共和国总统朱马利·赛雅颂（1936—）
日本前首相桥本龙太郎（1937—）
俄联邦鞑靼斯坦共和国总统明季梅尔·沙里波维奇·沙伊米耶夫（1937—）
奥地利共和国总统海因茨·菲舍尔（1938—）
联合国秘书长科菲·安南（1938—）
葡萄牙共和国总统阿尼巴尔·安东尼奥·卡瓦科·席尔瓦（1939—）
哈萨克斯坦总统纳扎尔巴耶夫（1940年—）
捷克共和国总统瓦茨拉夫·克劳斯（1941—）
土耳其共和国总统艾哈迈德·内杰代特·塞泽尔（1941—）
越南社会主义共和国主席阮明哲（1942—）
日本首相小泉纯一郎（1942—）
巴基斯坦总统佩尔韦兹·穆沙拉夫（1943—）
文莱苏丹哈吉·哈桑纳尔·博尔基亚·穆伊扎丁·瓦达乌拉（1946—）
美国第42任总统比尔·克林顿（1946—）
美国第43任总统乔治·沃克·布什（1946—）
波兰共和国总统莱赫·卡钦斯基（1949—）
蒙古国前总统那楚克·巴嘎班迪（1950—）
罗马尼亚总统特拉扬·伯塞斯库（1951—）
爱尔兰共和国总统玛丽·麦卡利斯（1951—）
俄罗斯联邦总统弗拉基米尔·普京（1952—）
柬埔寨国王诺罗敦·西哈莫尼（1953—）
土耳其共和国第59届总理雷杰普·塔伊普·埃尔多安（1954—）
保加利亚共和国总统格奥尔基·伯尔瓦诺夫（1957—）
蒙古国前总统那木巴尔·恩赫巴亚尔（1958—）
摩纳哥公国国家元首阿尔贝二世亲王（1958—）
西班牙国家首相何塞·路易斯·罗德里格斯·萨帕特罗（1960—）
马其顿共和国总统茨尔文科夫斯基（1962—）
马来西亚国王米詹·扎因·阿比丁（1962—）
俄罗斯联邦卡尔梅克共和国总统伊柳姆日诺夫·基尔萨·尼古拉耶维奇（1962—）
蒙古国总统额勒贝格道尔吉（1963—）

国家领导人
向成吉思汗雕像点头致意

蒙古国国会大厦中的成吉思汗雕塑

蒙两国元首夫妇向成吉思汗雕像点头致意

央视网消息（新闻联播）：各位观众，这里是位于蒙古国首都乌兰巴托的成吉思汗广场。

当地时间 21 日下午，蒙古国总统额勒贝格道尔吉举行隆重仪式欢迎国家主席习近平对蒙古国进行国事访问。

下午 4 时许，习近平主席一行车队出发。成吉思汗广场上礼乐齐鸣。当国家主席习近平和夫人彭丽媛抵达成吉思汗广场时，蒙古国总统额勒贝格道尔吉夫妇热情迎候习近平夫妇的到来。

2 名身着蒙古国民族服装的儿童分别向习近平夫妇献花。

习近平在额勒贝格道尔吉陪同下登上检阅台。

军乐队奏中、蒙两国国歌，习近平在额勒贝格道尔吉陪同下检阅仪仗队。仪仗队用蒙语回应"元首先生，向您致敬"。

检阅结束后，两国元首互相介绍双方陪同人员。

习近平夫妇与出席欢迎仪式的驻蒙使节一一握手。

习近平在额勒贝格道尔吉陪同下走向国家宫，行至成吉思汗雕像前，两国元首夫妇向雕像点头致意。

——来自中央电视台，2014-08-21

抗战期间，国共两党两次
大祭先祖成吉思汗，尊成
吉思汗为"中华民族英雄"

1939 年 6 月 21 日，成吉思汗灵柩西迁途中到达延安时，中共中央和各界人士二万余人夹道迎灵，并在延安十里铺搭设灵堂，举行了盛大的祭祀活动。在此次祭祀仪式上，中共中央将成吉思汗正式尊称为"世界巨人""世界英杰"，并首次提出"继承成吉思汗精神坚持抗战到底"的口号。延安十里铺灵堂两侧悬挂一幅对联，上联：蒙汉两大民族更亲密地团结起来；下联：继承成吉思汗精神坚持抗战到底。灵堂正上方悬挂着横联：世界巨人。

灵堂前面搭建了一座牌楼，悬挂"恭迎成吉思汗靈柩"匾额。代表们将灵柩迎入灵堂内，举行祭典。中共中央、毛泽东、周恩来、朱德等敬献了花圈。由陕甘宁边区政府秘书长曹力如代表党政军民学各界恭读祭文：维中华民国二十八年六月二十一日，中国共产党中央委员会代表谢觉哉、国民革命军第八路军代表滕代远、陕甘宁边区政府代表高自立，率延安党政军民学各界，谨以清酌庶馐之奠，致祭于圣武皇帝成吉思汗之灵曰：

日寇逞兵，为祸中国，不分蒙汉，如出一辙。

嚣然反共，实则残良，汉蒙各族，皆眼中钉。

乃有奸人，蠢然附敌，汉有汉奸，蒙有蒙贼。

驱除败类，整我阵容，抗战到底，大义是宏。

顽固分子，准投降派，摩擦愈凶，敌愈称快。

巩固团结，唯一方针，有破坏者，群起而攻。

元朝太祖，世界英杰，今日郊迎，河山聚色。

而今而后，五族一家，真正团结，唯敌是挞。

平等自由，共同目的，道路虽艰，在乎努力。

艰苦奋斗，共产党人，煌煌纲领，救国救民。

祖武克绳，当仁不让，太旱盼霓，国人之望。

清凉岳岳，延水汤汤，此物此志，寄在酒浆。

尚飨！

1940 年 3 月 31 日，中国共产党在延安成立了"蒙古文化促进会"，4 月，在延安建立了"成吉思汗纪念堂"和"蒙古文化陈列馆"，敬立成吉思汗半身塑像，并由毛泽东主席题写了"成吉思汗纪念堂"七个大字。在这里每年农历三月二十一日，也就是成吉思汗春季查干苏鲁克大祭之日，延安各界举行盛大的祭奠仪式，以蒙汉两种语言诵读成吉思汗祭文。1942 年 5 月 5 日，蒙古文化促进会还编辑出版了《延安各界纪念成吉思汗专刊》。毛泽东和朱德分别为专刊题词：

毛泽东题词：团结抗战。朱德题词：中华民族英雄。

毛泽东 1964 年 3 月 24 日，在一次听取汇报时的插话中对成吉思汗、汉高祖刘邦、明太祖朱元璋的治国能力评价如下："可不要看不起老粗。""知识分子是比较最没有知识的，历史上当皇帝的，有许多是知识分子，是没有出息的：隋炀帝，就是一个会做文章、诗词的人；陈后主、李后主，都是能诗善赋的人；宋徽宗，既能写诗又能绘画。一些老粗能办大事：成吉思汗，是不识字的老粗；刘邦，也不认识几个字，是老粗；朱元璋也不识字，是个放牛的。"（毛泽东举例只是为了强调"一些老粗能办大事"，并不是说成吉思汗和刘邦真的不识字，也不是说刘邦只认识几个字。）

1941 年 11 月 3 日国民政府正式宣布对日本、德国、意大利宣战前夕，蒋介石赶赴甘肃省榆中县兴隆山，对成吉思汗灵寝举行了大祭。蒙藏委员会委员长吴忠信代表国民政府恭读祭文：维中华民国三十年十一月三日国防最高委员会委员长蒋中正，特派蒙藏委员会委员长吴中信，以马羊帛酒香花之仪，致祭于成吉思汗之灵而昭告以文曰：

> 繄我中华，五族为家，自昔汉唐盛世，文德所被，盖已统乎西域极于流沙，洎夫大汗崛起，武功熠耀，马嘶弓振，风拨云拏，纵横带甲，驰骤欧亚，奄有万邦，混一书车，其天纵神武之所肇造，虽历稽往古九有之英杰而莫之能加，比者虾夷小丑，虺毒包藏，兴戎问鼎，豕突倡狂，致我先哲之灵寝乍宁处而不遑，中正忝领全民，挞伐斯张，一心一德，慷慨腾骧，前仆后兴，誓殄强梁，请听亿万铁马金戈之凯奏，终将相复于伊金霍洛之故乡，缅威灵之赫赫兮天苍苍，抚大漠之荡荡兮风泱泱，修精诚以感通兮兴隆在望，万马胙而陈体浆兮神其来尝。
>
> 尚飨。

蒋介石在中华民国四十六年（1957）三月十二日，主持陆军指挥参谋学校开学典礼讲话——《军事哲学对于一般将领的重要性》的讲话中，评价成吉思汗："我在此还要举出我们中国历史中两位最有名的勇将来作一对照，以供我们今日军人的抉择。这两位勇将中的第一位，就是汉楚时代的项羽。第二位就是纵横欧亚的成吉思汗。这二位英勇无比的名将，其平生战绩乃是众所周知，无待详述，可是其结果则完全不同。兹据其二人所制的歌词的气概与精神，就可想见胆力的强弱与事业的成败了。当成吉思汗西征时的歌词是："上天与下地，俯伏啸以齐，何物蠢小丑，而敢当马蹄"。而项羽最后失败时的歌词则是："力拔山兮气盖世，时不济兮骓不逝，骓不逝兮可奈何，虞兮虞兮奈若何？"后来还有许多人评判项羽这首歌词是悲歌慷慨，不失为英雄气概；我以为项羽的歌词充满了"恐惧""愤怒""疑惑"的气氛，毫无英勇镇定与自信的心理，更没有如克劳塞维茨所说："在绝望中之奋斗"的军人精神。所以到了最后他只有在乌江自刎了事。我以为这种卑怯自杀，而不能抱定荣誉战死的军人，只可说是一个最无志气的懦夫，那能配称为勇将！故无论他过去有如何勇敢的史迹，我们不仅不屑敬仰他，而且应在弃绝不齿之列。至于成吉思汗的这首歌词，我认为是充满了他自信、勇敢与镇定的心理，诚不失为一首英勇壮烈的歌词，正与项羽的歌词语意完全相反，所以他成功亦自不同。因为他既有这样一个战胜一切的信心，自然不会再有恐惧愤怒与疑惑的心理了。所以成吉思汗，实为我们中国军人所应该效法与崇敬的第一等模范英雄。"

元朝第一代帝师八思巴第一个宣称成吉思汗为"转轮王"

八思巴 雕像

元朝第一代帝师八思巴（1235——1280年）第一个宣称成吉思汗为"转轮王"，并称道：这位转轮王在蒙古的诞生"是佛陀涅槃——经过3250年积德行善的结果"。

汤加王国国王陶法阿豪·图普四世：我是成吉思汗的后裔

陶法阿豪·图普四世

据新华社1999年10月11日电　汤加王国国王陶法阿豪·图普四世一行，今天下午结束对内蒙古自治区为期三天的访问，乘专机离开包头市飞往上海。图普四世国王是应国家主席江泽民的邀请对中国进行国事访问的。

在内蒙古期间，陶法阿豪·图普四世国王一行先后到内蒙古自治区最大的工业城市包头和成吉思汗陵园所在地伊克昭盟参观访问。

10月9日下午，内蒙古自治区主席云布龙在包头市青山宾馆会见并宴请了图普四世一行。

云布龙向客人介绍了中国最早成立的少数民族自治区——内蒙古自治区在中国共产党领导下走过的五十二年的光辉历程。

汤加国王对中国蒙古族的历史文化表现出极大的兴趣。他说，蒙古族在中国历史上有举足轻重的地位。汤加虽然远在南太平洋，但对蒙古族、尤其对蒙古族伟大的儿子——成吉思汗，十分崇敬。

10月10日，图普四世国王一行专程前往鄂尔多斯高原，拜谒了成吉思汗陵，并参加了对成吉思汗的隆重祭典。主人端出全羊祭典，国王提出要亲自尝一口，主人特为他割了一块，国王尝了尝说："这是祖先对我的恩赐，我的运气会大转的，大吉大利！"国王还对随行的人说："成吉思汗是我们的祖先，整个汤加家族都是蒙古人的后裔，现在我们的语言里还保留着许多古老的蒙古语。如，'哈玛贵'（不要紧，没关系），和蒙古语一样。"

（新华社记者阿斯钢提供）

在纳扎尔巴耶夫总统的提议下哈萨克斯坦建造全球最大的帐篷形建筑物"成吉思汗后裔"

哈萨克斯坦总统
纳扎尔巴耶夫

在总统纳扎尔巴耶夫的提议下哈萨克斯坦建造一个巨大的"室内城市",起名为"成吉思汗后裔"(Khan Shatyry)的帐篷城市,位于哈萨克斯坦首都阿斯塔纳。

哈萨克斯坦政府请来设计汇丰银行香港总行及香港国际机场的建筑设计大师福斯特,以成吉思汗统治时期游牧民族的帐篷为理念,设计出这个全球最大帐篷形建筑物。它以特别的物料建造,可以吸收阳光,营造四季如春的效果。其三角帐篷结构立于一个直径为200米的椭圆形地基上,巨大的体积构成了一个处于"保护伞"之下的空间,内部有一城市规模的室内公园、多家商店、咖啡厅以及各种娱乐设施,包括SPA水疗馆、体育中心与室内海滩。

这个建筑的核心是一个巨型灵活空间,它构成了一个中心文化区,里面可举行各种活动和展览。总统纳扎尔巴耶夫说,成吉思汗后裔帐篷可以提供人们生活所需的一切"。

全球最大的透明帐篷

蒙古人心目中的成吉思汗：他是长生天的儿子

（蒙古国）特古力德尔画

对于蒙古民族来说，他不仅仅受到极大的尊重，而是成为全民族崇拜的偶像。

成吉思汗更是将"长生天"即"腾格里"视为自己至高无上的保护神，每作出重大决策之前都要对长生天虔诚祈祷。根据13世纪波斯历史家志费尼所著《世界征服者史》记载，成吉思汗在出征乃蛮部之前，曾"独自登上一个山头，脱去帽子，以脸朝地，祈祷了三天三夜，说：'我非这场灾祸的挑起者，赐我力量去复仇吧。'于是他下山来，策划行动，准备战争。"另一位是波斯历史学家拉施特在其所著《史集》中也记载："当成吉思汗开始出征乞台国（注：乞台国即中国北方的金国），攻打阿勒坛汗时，他独自一人照着自己的习惯，登上山顶，解下腰带挂在颈上，并解开长袍的扣子，跪着说道：'永恒的主啊，你知道和看到，阿勒坛汗是刮起战乱的风，他挑起了战乱。他无辜地杀死了被塔塔儿部抓住送到他那里去的我的父亲祖父辈的年长的族人斡勒·巴儿合黑和俺巴孩·合罕，我要取他们的血，为祖父辈报仇。如果你认为我的想法是正确的，请从天上佑助我，命令天使、众人、善恶天魔从天上佑助我！'他极其恭顺地作了这次祈祷，接着便上马出发了。"

世界各国纷纷评选世界名人，成吉思汗均名列前茅

✳ 《华盛顿邮报》评成吉思汗为"千年风云第一人"

他缩小了地球
—— 成吉思汗为何被评为千年风云第一人

政治领袖，军事奇才
依据由谁缩小了地球为原则，美国《华盛顿邮报》评出成吉思汗为千年风云第一人

孟坤制作

　　20 世纪结束之际美国最有影响的媒体《华盛顿邮报》带头评选第二个千年世界最有影响的人物，结果成吉思汗以绝对的票数压倒群英，名列第一，成为千年风云第一人。原文是：美国影响最大的媒体《华盛顿邮报》1995 年 12 月 31 日评出人类文明史上第二个千年（1000—1999）最重要的人物和事件，称成吉思汗是头

哈日巴拉画

号风云人物！当然，这种评价，不仅仅是局限在个别媒体，1999年12月31日美国《纽约时报》以"千年风云人物"为题，介绍了成吉思汗的成长过程。2000年12月26日美国《时代》杂志向世界郑重宣布了"对本千年十个影响最大的人物"的评选结果，成吉思汗荣登金榜，成为上个千年最伟大的人物之一。

那么，依据什么原则评成吉思汗为"千年风云第一人"？

《华盛顿邮报》连续发表了几篇文章，在一篇报道中说："我们要评选千年人物时，一定要全面了解和掌握这千年内的重要人物及发生的一切重大事件。这千年发生了一个伟大的故事，单个的种族在地球上充分利用其才智，把握世界局势，以人们认为不可能的方式获得了最广袤的领土。他在历史上的角色虽然短暂，但他建立了震撼世界的全新帝国，成为世界上最大的征服者。所以，完美的战士成吉思汗，无可争议地被推举为千年风云第一人。"还有一篇文章说：认定成吉思汗为千年风云第一人，是依据由谁缩小地球、拉近世界为原则评选产生的。在《世界企鹅历史》中写道："成吉思汗才智超群，名震四海，直到1227年去世为止，没有一个人能与他相比。他是世界上最伟大的征服者，历史并不是圣人、天才和解放者的传说，至今还未找到比他更合适的人选。成吉思汗最完美地将人性的文明与野蛮两个极端集于一身。"

美国《华盛顿邮报》评成吉思汗为"千年风云第一人"时，得出了结论："他满足了所有人的欲望"。该报还说：他与哥伦布一样缩小了地球，而在外交方面不知比哥伦布胜出多少倍。他只活了60多岁，却建立了世界上版图最大的蒙古帝国。

✕ 美国开展了"谁是在美国最著名的中国人"的活动，成吉思汗入围

勒·宝勒德雕塑

最近成立的中国公关机构"蓝海国际传播促进会"，委托美国"专业调查机构"（FRI）进行了一项题为"美国人眼中的中国"活动，其中一个问题就是"谁是在美国最著名的中国人？"答案很有意思，43%的受访者是成龙，其次是李小龙（40%），毛泽东（39%），孔子（33%），李连杰（29%），姚明（29%），佛（28%），刘玉玲（23%），成吉思汗（22%）和周润发（16%）。可能这会有2个问题中国人会问，美国人难道也认为成吉思汗是中国人？刘玉玲又是谁？其实在中国初中的历史教科书上早已写到，成吉思汗是中国历史上伟大的蒙古族英雄，反抗金朝统治者的残酷压迫，其实大多数美国人都认为成吉思汗是中国人，元朝在国外学者写的世界历史章节里，都是中国的正统王朝。

蒙古民族是中华民族的伟大一员，是没有争议的。

❀ 美国《时代周刊》宣布评选结果：
成吉思汗荣登千年伟人金榜

屹立在成吉思汗庙广场的成吉思汗雕塑

　　美国时事刊物《时代周刊》2000年12月16日向世界郑重宣布了"对本千年10个影响最大的人物"的评选结果，成吉思汗荣登金榜。其依据是：他是上个千年的最伟大人物之一，其英雄事迹代代相传、盖世无双。由他奠基，其子孙相继开拓、建立的蒙古大帝国，在欧亚两洲辽阔的版图上，持续数世纪之久，影响全球。

世界各国纷纷评选世界名人，成吉思汗均名列前茅

坐落在鄂尔多斯康巴什广场上的群雕《闻名世界》

✦ 成吉思汗被列为世界十大名人之一

由李军主编出版的图文版《世界十大名人传记——成吉思汗传》中，将成吉思汗列为世界十大名人之中。

前言说，该书中入选的十位名人，是人类史上卓越人物中最优秀、最杰出、最有号召力和震撼力的巨人，是促进人类文明发展的最伟大人物。他们是释迦牟尼、耶稣、成吉思汗、哥伦布、华盛顿、贝多芬、拿破仑、达尔文、诺贝尔、爱迪生。

——图文版《世界十大名人传记——成吉思汗传》，
长春出版社，2002年5月。

❀ 成吉思汗被列入
世界最具影响力的 15 名帝王之行列

北京团结出版社出版的《世界帝王们》一书，将亚历山大、秦始皇、恺撒、君士坦丁、成吉思汗、伊凡四世、拿破仑等 15 名中外帝王选入其中。谈到选定原则时，该书的序言作者周庆基写道：在世界历史上，帝王数以千计，作者遴选其中 15 位，选定原则主要依据其历史影响力和作用，自然也基于作者的历史观和独特判断。这 15 位帝王尽管其生活时代不同，所处国家各异，在历史进程中以其各自不同的意志、性格展示了独特的历史风采，但又有其共同的历史韵律：审时度势、革旧鼎新，也嗜于扩张战争。

爱尔维修说过，每一个社会时代都需要自己的伟大人物，如果没有这样的人物，他就要创造出这样的人物来。秦始皇、亚历山大、查理曼、康熙等帝王的名字，与国家的强大、民族的荣辱、幅员的辽阔共同铭刻在历史的里程碑上。非凡的时代，召唤一代名帝，名帝的所作所为，则又使该时代闪烁出光辉。顺应时代潮流，善于正确认识和把握时代赋予他们的客观条件，这正是他们超越时代、推动发展、成为时代巨人的历史根茎。

——胡燕、江立华著：《世界帝王们》，团结出版社，1996 年 9 月版

坐落在海拉尔市区的雕塑

❈ 成吉思汗被列为世界十大军事家

坐落在内蒙古大学校园的
成吉思汗雕塑

经过反复推敲，纵横比较，根据在世界军事史上建树和影响（包括理论和实践两个方面），最后选出了10位最为著名的军事家，即孙武、亚历山大、恺撒、成吉思汗、彼得一世、库图佐夫、拿破仑、克劳塞维茨、玻利瓦尔、格兰特，分别予以立传。这10位人物，在地域上横跨东西方，在时间上纵贯古近代，应当说是颇具代表性和典型性的。这10位人物以轰轰烈烈的壮举，深刻影响了国家和民族的历史，在时代的天幕上划出耀眼的光亮，并将自己的英雄肖像深深地刻在历史的年轮中……（就如成吉思汗）率军远征，开疆拓土，以传奇式的军事行为打败强劲对手，建立雄极一时的庞大帝国。

——吴秀永编：《世界十大军事家——成吉思汗传》序言，
河北人民出版社，1996年版。

❈ 成吉思汗被列为全球最富的人

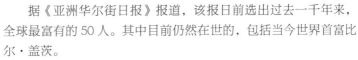

据《亚洲华尔街日报》报道，该报日前选出过去一千年来，全球最富有的50人。其中目前仍然在世的，包括当今世界首富比尔·盖茨。

在入选的50人中，有6名是中国人，出现时间前后纵跨800年，他们分别是成吉思汗、忽必烈、和珅、太监刘瑾、清商人伍秉鉴、宋子文。

如果按征服土地来计算，成吉思汗可称"天下最富"。当时，蒙古人打下了3000多万平方公里的土地。明武宗年间太监刘瑾被处死后，从他家里搜出黄金3360公斤、白银750万公斤。而明末国库仅得200万公斤白银。清朝的和珅被查出贪污白银达2.2亿两。伍秉鉴是十三行的买办，他继承了当时只有少数人获准经营的丝绸和瓷器生意，家藏至少有好几百万银圆。在二十世纪40年代，宋子文可能是全球首富了。

——《羊城晚报》，2001年4月6日

成吉思汗庙宫殿内的
成吉思汗雕塑

少年成吉思汗

❀ 美国研究财团推成吉思汗为：千禧年风云人物

　　为了迎接21世纪的到来，美国的研究财团选出了百位"在过去的一千年里对人类社会有重要影响的人物"（千禧年风云人物），名列前茅的东方人只有一位，那就是成吉思汗。不论排名高低，成吉思汗都是影响历史文明的重量级人物。

　　——（日）堺屋太一著《成吉思汗的世界》，（中国台北）商周出版，2007年

❀ 成吉思汗的近卫军是史上著名的五大精锐部队之一

　　据甘肃日报主办《新旅游报》报道：世上有五大著名的精锐部队。一是不败传说——岳家背嵬军；二是李世民的利剑——玄甲军；三是明末真正的精锐——夷丁突骑；四是一代天骄的近卫军——怯薛军；五是.东晋门阀的雇佣兵——北府兵。

　　泰和四年，成吉思汗组建怯薛军，挑选精锐，人数不多。后来又将怯薛军扩充到万余人，主要由贵族、大将军等功勋子弟构成，每名普通的怯薛军士兵都有普通战将的薪俸和军衔，它的统帅更是非同小可，有四个人，他们就是成吉思汗的"四杰"：木华黎、赤老温、博尔忽、博尔术，又被封为"四怯薛"。历史评价：这支怯薛军构建了蒙古帝国的统治基础！

　　怯薛军作为成吉思汗的掌上明珠，自然不会随意使用，它的作用主要是维护成吉思汗的统治。但由于蒙古人，尤其是成吉思汗的武功实在太耀眼、太震古烁今、太令人惊叹，所以精锐部队少了蒙古精骑实在说不过去，而怯薛军毫无疑问是最具代表性的。

　　（2008年12月9日）

坐落在海拉尔成吉思汗广场的成吉思汗雕塑

西方的成吉思汗崇拜

⊗ 保加利亚共和国总统格奥尔基·伯尔瓦诺夫：成吉思汗已被越来越多的人推崇为神的形象

格奥尔基·伯尔瓦诺夫

　　八百年前，在统一蒙古各部、创建统一国家的过程中形成的蒙古民族是一件非常有意义的事情。这个民族成为成吉思汗所建立的疆域无垠的蒙古帝国的核心是理所当然的，而其主要功劳归功于千年伟人成吉思汗也是无可非议的。这个蒙古人似乎在当时各国各地区无数人的心目中留下了一个凶狠可怕的印象，但是他的亲朋好友和归附者始终把他看作是获得重生的救命恩人。

　　对具有古代游牧历史文化的蒙古民族而言，在维护自己的民族利益和争取政治独立的斗争中成吉思汗的名字总是列在首位。成吉思汗不仅创建了大蒙古国，更重要的是为巩固和发展政体制度，制订了一系列法律法规，并创造了自己的蒙古文字。随着时间的推移，成吉思汗已成为越来越多人推崇的神的形象。

　　保加利亚蒙古学学者亚历山大·佛多托 1990 年用保加利亚文翻译出版了《蒙古秘史》，从此保加利亚人渐渐了解了成吉思汗的伟业，看了他的历史我们不得不产生无限敬意。

——摘自《大蒙古国》

⊗ 英国学者称：成吉思汗为"全人类的帝王"

　　英国学者莱穆在《全人类帝王成吉思汗》一书中说："成吉思汗是比欧洲历史舞台上所有的优秀人物更大规模的征服者。他不是用通常尺度能够衡量的人物。他所统帅的军队的足迹不能以里数来计量，实际上只能以经纬度来计量。"

全人类的帝王——成吉思汗
"13 世纪的蒙古人"，1995 年在华盛顿举办的画展上展出

✿ 外国专家认定：
成吉思汗是千年来"天下最富"的人

如果按征服的土地来计算，成吉思汗可称"天下最富"。当时，蒙古人打下 3000 多万平方公里的土地，被国内外专家们认定为千年来世界上最富有的人。成吉思汗通过数百次战争，掠夺积累了无法估算的财富，据日本专家估计，成吉思汗是人类历史上的千年首富，他的陪葬品就够现在的蒙古族人坐吃 300 年！

参考消息网 8 月 3 日报道 外媒称，美国《福布斯》杂志有每年评出全球十大富豪的传统，日前《时代》杂志公布了这份名单的一个"历史版本"，评出了有史以来最富有的 10 个人，其中包括洛克菲勒、恺撒大帝、宋神宗、成吉思汗等，上榜的唯一健在的人物是比尔·盖茨。

土耳其文《成吉思汗》

✿ 德国学者称：成吉思汗为"不屈之王"

　　无论在欧洲和亚洲，使他们从沉睡状态中苏醒过来，需要一只强有力的手。现在摇醒他们的强有力之手出现了，这就是不屈之王铁木真及其后裔……他们是完成支配世界的至上命运后不久撤离了历史舞台。俄罗斯人、德意志人及其他的西欧诸国民，能够达到现在这样强大和文明，无疑是蒙古人和蒙古军征服的刺激和赐物。

——（德国）费朗索儿·冯额尔多满（著名学者、《不屈之王铁木真》作者）

土耳其文《全人类的帝王》，原作者哈罗德·莱姆，1963 年

图来自（美国）Who Was《成吉思汗》，2014 年

✖ 欧洲人称成吉思汗为"上帝之鞭"

　　欧洲人称成吉思汗为"上帝之鞭"，他是名副其实的"人类之王"。世界秩序因他而改变，人类的世界观因他而升华。

——（美国）《华盛顿邮报》

锐不可当，所向无敌（草原大写意）吴·斯日古楞画

❈ 俄国军事家惊呼：开天辟地以来从未有过

通观世界历史，用很少兵力，在很短时间内，攻略广大土地，统治众多人口，除成吉思汗时代的鞑靼人和帖木儿时代的中亚细亚人之外，开天辟地以来从未有过。

——（俄国）柯列金（军事家）

✕ 苏联历史学家称：成吉思汗是天才

用科学的态度研究成吉思汗，可以得出这样的结论，无论是铁木真，还是大蒙古国可汗的成吉思汗，始终不是见血为乐的人，也不是摧毁一切的破坏者。成吉思汗是天才，是时代的产物，是人民的儿子。

——符拉基米尔佐夫（苏联杰出的史学家）

艾伦·鲁滨逊画，图来自《成吉思汗的秘密战争》

美国学者认为，
成吉思汗是"一名骁勇的勇士"

成吉思汗有一匹彪悍的蒙古马，自己又是一名骁勇的勇士

——埃德温·马勒（美国学者）

欧洲画：蒙古战士

世界名著波斯文《史集》称：
成吉思汗是世界上"最强的符号"

巴雅尔画

据《史集·部族志》解释：蒙语"成"的意思是"坚强"，"成
吉思"是其复数，《通史简编》也认为"成"是"刚强"，"吉思"
是"多数"。因此，成吉思汗是坚强的大汗的意思。

17世纪欧洲画 原图说明：成吉思汗在狩猎

❀ 意大利旅行家称成吉思汗为
"上帝面前的勇敢猎人"

这种旦旦逐猎，年年游牧的生活，既锻炼了蒙古人强壮的体质，又磨练了他们坚强的意志，也培养了他们高超的骑射技术。成吉思汗是"上帝面前的勇敢猎人"。

——（意大利）柏朗嘉宾

❀ 国内外学者普遍认为：
成吉思汗是全球影响最大的人

对整个世界来说，成吉思汗死后的影响比他生前更大，七八个世纪以来，都产生过极为广泛、极为深远的影响。成吉思汗研究专家、30集电视剧《成吉思汗》的编剧朱耀廷先生说："在中国众多的帝王中，大概只有成吉思汗是最具有世界影响的人物"。

图来自吉尔吉斯坦梯纳尔·穆拉特著《铁木真》

成吉思汗创建了世界上版图最大的帝国（德格吉勒图蒙古文书法，哈斯其其格制作）

❦ 国内外学者说，
成吉思汗创建了世界上版图最大的帝国

　　成吉思汗建立的蒙古帝国，其版图之大真可谓前无古人，后无来者。据史料记载，当时的版图相当于 3000 多万平方公里。苏俄著名学者巴托尔德说，成吉思汗帝国的建立是世界上独一无二的事件，把远东和前亚的文明国家统一在一个王朝的政权之下是空前绝后的。

　　　　　　　　——摘自《千年风云第一人》——世界名人眼中的成吉思汗

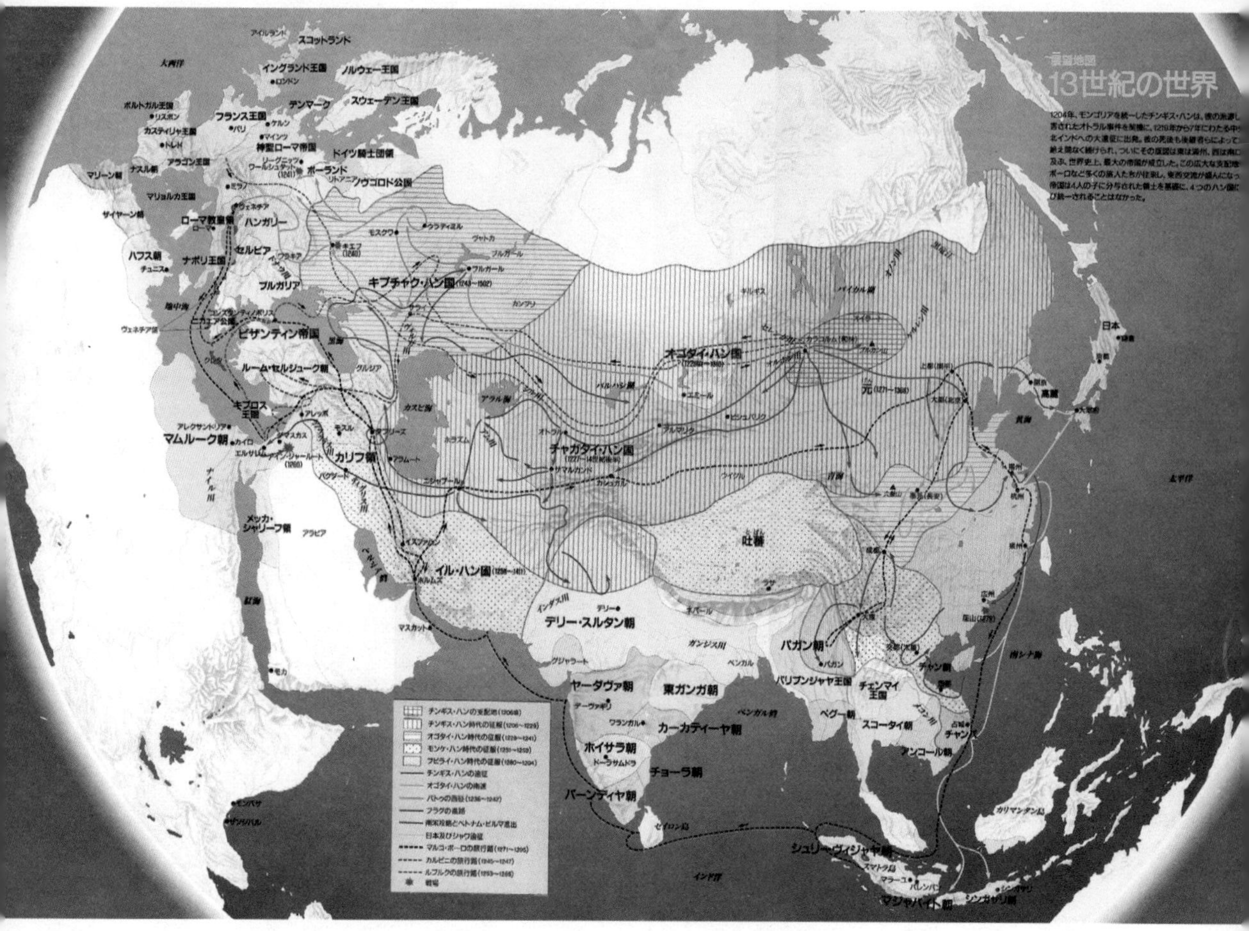

日本学者绘制的蒙古帝国版图

美国学者说，成吉思汗改变了世界地图

成吉思汗改变了世界地图，当时的欧亚两洲是以无数封建小国组成，成吉思汗把它们统一成类似今天我们在地图上看到的国家地形。

——（美国）捷克・法萨切伏德

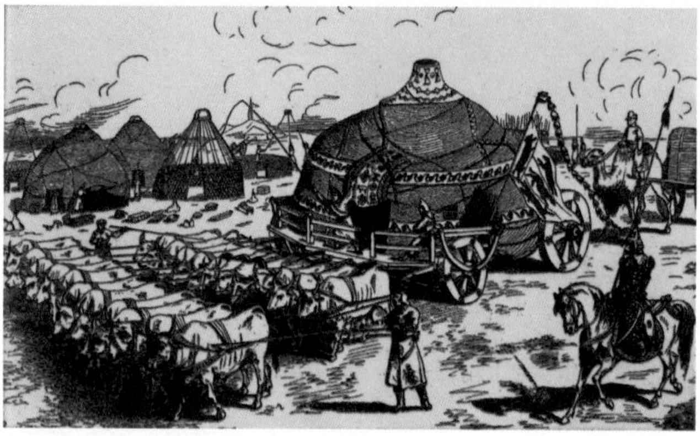

铁马金帐

拿破仑·波拿巴

军事天才、"战争之神"拿破仑的成吉思汗崇拜

虎父无犬子。就连桀骜不驯的军事奇才拿破仑提起成吉思汗也自叹不如。他惊叹："能够使自己民族凌驾于世界其他所有民族之上，并且后继者团结一致为帝国效力的，唯有成吉思汗，我自叹不如。"

拿破仑·波拿巴（Napoléon Bonaparte，1769 — 1821），法兰西第一共和国执政、法兰西第一帝国皇帝，出生在法国科西嘉岛，是一位卓越的军事天才。1804 年 5 月 18 日，法兰西第一帝国皇帝拿破仑·波拿巴称帝。他多次击败保王党的反扑和反法同盟的入侵，捍卫了法国大革命的成果。他颁布的《民法典》更是成为了后世资本主义国家的立法蓝本。他执政期间多次对外扩张，形成了庞大的帝国体系，创造了一系列军事奇迹。1812 年兵败俄国，元气大伤；1813 年被反法联军赶下台。1815 年复辟，随后在滑铁卢之战中失败，被流放到圣赫勒拿岛。1821 年病逝，1840 年尸骨被迎回巴黎隆重安葬在塞纳河畔。

易晶作

东方"战神"成吉思汗

⊗ 拿破仑被西方誉为"战争之神" 而成吉思汗则是东方的"战争之神"

　　美国军事家表示：虽然拿破仑被西方誉为"战争之神"，而成吉思汗则是东方的"战争之神"。拿破仑坦言说："但我不如成吉思汗，他的四个虎子都争为其父效力，而我没有这种好运"。

图来自（埃及）色儿贝德·阿克沙著《成吉思汗》

❀ 美国军事家：
在中世纪，战争的最好例证来自东方

在中世纪，战争的最好例证并不出于西方，而是来自东方……蒙古人所进行的每次战争，无论在作战的规模和艺术方面，在突然性和机动性方面，还是在战略和战术上，不仅不会逊色于历史上任何战争，甚至还超越了这些战争。

——（美国）里德尔·哈特（军事学家、《战略论》作者）

✿ 英国学者：什么人才能称得上战神？唯有成吉思汗

　　成吉思汗凭借丰富的战斗经验和谋略，改变了军事战略和战术。这些让他成为了历史上最成功的征服者之一。他建立的帝国远远超过了亚历山大大帝、拿破仑和恺撒建立的帝国。

　　——（英）康恩·伊古尔登《长弓王》，内蒙古人民出版社，2009 年

图来自土耳其文《成吉思汗》

图来自（哈萨克斯坦）《战争史》；成吉思汗征服花剌子模

✕ 中国学者：
成吉思汗兵学是蒙古学领域中的珠穆朗玛峰

成吉思汗兵学是蒙古学领域中的珠穆朗玛峰，也是当时人类智慧的最高结晶。

——道润梯步（中国著名蒙古史学家）

❈ 伊朗史学家志费尼说：亚历山大在使计用策方面该当成吉思汗的学生

倘若那善于运筹帷幄、料敌如神的亚历山大大帝活在成吉思汗时代，他会在使计用策方面当成吉思汗的学生。而且，在攻略城池的种种妙策中，他会发现，最好莫如盲目地跟成吉思汗走。

志费尼（伊朗著名史学家、《世界征服者史》的作者）

14 世纪波斯画

❈ 英国军事战略学家利德尔·哈特称：在中世纪，战略的最好例证来自东方

英国军事理论家巴兹尔·亨利·利德尔·哈特（1895—1970），在《战略论》（战士出版社 1982 年）中说：在中世纪，战略最好的例证未出在西方，而是来自东方。公元 13 世纪，对于西方的战略发展来说，是一个卓有成效的时代。其所以灿烂夺目，是因为蒙古人给欧洲的骑士们充当了教师，使他们在战略方面得到了有益的教训。蒙古人所进行的每次战争，无论在作战的规模和艺术方面，在突然性和机动性方面，还是在战略和战术上采取的行动方面，不仅不会逊色于历史上的任何战争，甚至于还要超过这些战争。

在《希特勒的战略》一书中利德尔·哈特说：（1939—1941 年间德军"闪电战"大显神威）德国所以取得胜利，并不单纯是使用新武器，而是采取新战法和实行新的战术、战略的结果。在战争的进程中，希特勒使间接路线具有了更加广泛的规模和更加深刻的内容。不管希特勒本人是否意识到，他在这两方面所使用的基本方法，都是中古时代蒙古人成吉思汗已使用过的方法。成吉思汗在准备进攻某一个国家的时候，总是首先在那里寻找有影响的代理人，使他们从内部破坏这个国家的抵抗力，制造混乱，并准备建立起听命于他的新政府。

巴兹尔·亨利·利德尔·哈特

⊗ 俄罗斯以葛那吉夫将军更惊叹
蒙古民族当年征服之迅速

以葛那吉夫将军说：横览宇内，历年之少，而开拓疆土之广大，如成吉思汗者，千古所未尝见也。成吉思汗登蒙古大汗位之初，兵籍之户数约一万三千而已（约三万），其后征服民族之数凡七百二十部之多，其言语信仰，大抵异类。其子孙蒙业开拓，所奄有之全版图，包括今之清帝国，印度之北部，韩国半岛，中央亚细亚之全城，俄罗斯帝国之大半，印度幼发拉底士两河间之南部，亚细亚兵刃之所斩刈，马足之所蹂躏，由东达西，成一直线，径长六千英里（约为中国1万6千里），其间列国数十，成吉思汗及其子孙才以六七十年之短，日月次第削平者也。千古所未尝见也。此最大盖世之雄，果如何而崛起者耶。

他又说：每一帐幕出骑一人，若合数种族相缔盟，则帐幕之数，合得数十万之多，骑兵之数亦如之，其于战时，兵力之广，固世界中所不可得者矣。当世界大势一转瞬间，狂澜之崩颓颠覆，出中央亚细亚旷原所蓄积之兵力，洵可惧者矣，是盖天帝欲破摧他日宇内之，政治世界新世局。特匿优此旷野，为政治上大爆发物耶。过去，成吉思汗曾一度统御之，而震慑宙合，嗣得帖木儿驾驭之，而虎步中央亚细亚其潜势之一大兵力，果发泄已尽否耶。

——摘自（日）太田三郎著《成吉思汗》 武进屠宽元博译 上海作新社藏版 清光绪二十九年七月

版画《西征》 乌恩琪作

GENGHIS KHAN

图来自澳大利亚《蒙古征战》一书

❈ 军事家柯列金称成吉思汗的成功为"开天辟地以来未曾有过"

通观世界历史，用很少的兵力（拉施德丁说12万，小林高四郎说20万），在很短的时间内（共20年），攻略广大的土地（欧亚两洲的大部），统治众多人口者，除成吉思汗时代的鞑靼人和帖木儿时代的中亚细亚人之外，开天辟地以来未曾有过。

——摘自《蒙古族古代军事思想研究论文集》第二集内蒙古自治区蒙古族古代军事思想研究会编1990年10月。原载于19世纪俄国参谋本部军事评议会议员柯列金中将《铁木真、帖木儿用兵论》序

❋ **日本前陆军大学校长饭村穰说：在我们东洋曾经出现过像拿破仑、恺撒大帝、亚历山大等人都望尘莫及拜倒在他脚下的英雄，他就是成吉思汗**

饭村穰

饭村穰说成吉思汗这个好汉的出现，惊醒了沉睡中的世界，结果发现了美洲大陆，以后是欧洲人称霸世界。所以把成吉思汗的诞生可以看作是今日世界的诞生。

成吉思汗这个大名，连小孩子们都知道。在社会上有"成吉思汗锅"，也有"怀念成吉思汗往昔"的歌曲，甚至还有成吉思汗即源义经（日本一人名）的传说。但是，成吉思汗究竟是什么样的人，他的事业是一些什么等等？在我国还没有见到过一个完备的读本。

介绍本书（布劳丁原著《成吉思汗》，译者改称为《大统帅成吉思汗之谜》）的目的是告诉人们，在我们东洋曾经出现过像拿破仑、毛奇、汉尼拔、恺撒大帝、亚历山大等人都望尘莫及拜倒在他脚下的英雄，他就是成吉思汗。信长（织田信长）、秀吉（丰臣秀吉）、家康（德川家康）等人，和拿破仑、腓德烈相比的话，他们是胜者，这是译者所抱有的论点。过于自高自大不行，必须像成吉思汗那样临死为止仍然保持谦虚心努力前进才行。但是自屈自卑最不好，人是自欺而后被人欺，把自己看作什么都不行的人决不会上进。人们读了本书以后，在恢复日本人和东洋人的自尊心方 面哪怕是起很小的一点作用的话，那我就算幸甚了。

——摘自《大统帅成吉思汗兵略》日译序和后言 巴图、都固尔扎布译

✿ 万耀煌将军称成吉思汗用兵
"急行如风,侵略如火"

万耀煌(1891—1977)将军在《万耀煌回忆录》中说:"中国之兵学,至孙子而集理论上之大成,至元太祖成吉思汗,而呈实践上之巨观。此二人者,遥遥相距千祀,一则援笔以言,一则仗剑以行,足以造成历史上中国军威震轹欧亚之伟业,发扬数千年中国兵学养精蓄锐之奇辉。虽然,公元13世纪成吉思汗及其子孙威震万邦之际,人皆归功于其'兵多将广',甚且反目为'蛮骑剽掠'之长,未尝识其军略胜也。此等謷说,埋没英雄者数百年,直至近人柏力于《罗马帝国之衰亡》一书中,始上蒙古将帅以战略家之尊号,且为其时蒙军布阵之精密,战略之优良,匪独并世欧洲任何军队所不能及,且亦非欧洲任何将帅之眼光所能及。欧

万耀煌

洲将帅,自腓特列第二以来,就韬略论,无一足与蒙古将领颉颃者。"这位万将军认为对蒙古军的"蛮骑剽掠"的评价是片面的,而且远没有说明问题的本质内含。所以他愤慨地说,过去对蒙古军的简单的评价是謷说,也就是瞎说。万将军在序言里又写道:"成吉思汗其果尝寝馈于孙子学说与否,诚弗敢臆断;而其必深胎厚息于中华民族数千年来战胜攻取之战争经验,则为我所敢确断者也。"

"成吉思汗之进兵也,如飙风迅雷,千里瞬至,鹰颤一击,往往覆敌于猝不及防"。可谓"急行如风,侵略如火"。

——摘自万耀煌将军为(美)布尔霖将军著《成吉思汗》(1948年版)作的序言

✿ 美国五星上将麦克阿瑟非常崇拜
成吉思汗的战略战术

麦克阿瑟曾经说过:如果把有关战争的记载都从历史上抹掉,只留下成吉思汗战斗情况的详细记载,且被保存得很好,那么军人仍然将拥有无穷无尽的财富。从那些记载中,军人可以获得有用的知识,塑造一支用于未来的军队。那位令人惊异的领袖(成吉思汗)的成功使历史上大多数指挥官的成就黯然失色。

美国五星上将麦克阿瑟

俄罗斯境内发现
回鹘蒙古文成吉思汗石

蒙古人以精于骑射著称，移相哥则是其中的佼佼者，他于成吉思汗十九年（1225年），创造了一箭射出335度（音讨，1度为蒙古成年男子两臂平伸间的距离，约为1.7米，335度大约为560余米），因而甚得成吉思汗器重，并降旨刻石立碑以志纪念。

移相哥（约1192—1267年），为成吉思汗之侄，其父哈萨儿为成吉思汗之弟，他又是蒙古科尔沁部（汉语意为"箭筒士"）始祖。公元19世纪初叶，俄罗斯考古学者在今中俄界河——内蒙古呼伦贝尔盟额尔古纳河西岸的俄罗斯吉尔吉拉古城（又称移相哥宫殿），发现了记录移相哥远射之事的石碑，碑文为回鹘蒙古文，汉译为："成吉思汗讨掳萨尔塔兀拉人还师，大蒙古国全体那颜聚会于不哈只忽之际，移相哥射，矢中三百三十五度远"。因碑文以成吉思汗起首，故称之为"成吉思汗石"。它是现存最早的回鹘蒙古文碑，在国际学术界极为著名。

碑中所记"萨尔塔兀拉人"，即是中亚古国花剌子模，蒙古人称之为"萨尔塔兀拉百姓"。1219年，成吉思汗为报复花剌子模沙摩诃末杀掠蒙古商人之事，率20万众西征，移相哥从行，经5年血战，灭花剌子模国，于1225年班师。大军行至蒙古国西境不哈速只忽（碑文为"不哈只忽"），成吉思汗降旨"设置大金帐，举行大聚会及大宴"，并且进行由蒙古全体那颜（贵族）参加的射箭比赛，移相哥在大赛中创下矢中335度的记录，并获得成吉思汗降旨刻碑的殊荣。

成吉思汗石是1818年在今俄罗斯境内发现的。当时，俄罗斯考古队发现一座蒙古汗国的古城址，也称也松格（即移相哥）宫殿。在附近的溪谷中，发现一座回鹘蒙古文（即畏兀儿蒙古文）石碑。此碑无题识，不著年月。从内容推断，当建于成吉思汗纪元十九年（1225）。此碑发现后，在移至尼布楚时断为两面。1832年转送圣彼得堡，现存圣彼得堡美术博物馆。

回鹘蒙古文石碑

苏联一支考察队最先找到成吉思汗诞生地

National Geographic Society 出版社 1997 年

据新华社 1958 年 4 月 7 日报道，蒙古历史上最著名的人物成吉思汗的诞生地，蒙古早期历史文学巨著《蒙古秘史》上所说的斡难河畔的迭里温孛勒答黑，最早由苏联科学院通讯院士基谢廖夫率领的一支考察队找到。考察队在这里还发现了许多可以作为证明的古代文物。他们的发现初步解答了这个长期以来没有确定答案的问题。

水流充沛、奔腾迅疾的斡难河就在苏联赤塔州，离蒙古人民共和国东北边界不远的地方，现在在中国被译为鄂嫩河。去年在这条河两岸出现了一支由通讯院士基谢廖夫领导的考察队，他们在这里探寻了蒙古国家形成的历史和蒙古伟大军事统帅成吉思汗生活有关的历史遗迹。

19 世纪中叶布里亚特——蒙古著名学者多尔济·班咱罗夫在研究了地名的历史来源之后，曾经肯定成吉思汗是诞生在鄂嫩河区域一个名叫迭里温孛勒答黑的地方。考察队决定证明这个意见是否正确，试图找出成吉思汗出生的地方。

在鄂嫩区中心一个叫察苏色伊的村庄里，考察队遇到了一个叫华西里耶夫的老年人，他出生的地方叫迭里温，这和班咱罗夫所说的成吉思汗诞生地名的前半截完全一样。迭里温在鄂嫩河畔，离区中心有 6 公里。

到了这个地方，考察队一下就了解了迭里温孛勒答黑这个名称后半截的来历。"孛勒答黑"在布里亚特语中是"起伏不平"的意思。这一带的确都是起伏的山岗，山岗上有许多松林。和当地的居民一谈，考察队立即听到许多关于成吉思汗的传说。这些传说数量很多，而且是一代一代传下来的。

在鄂嫩河岸上有座山，名叫巴图尔，意思是勇士山，山上有一块石头，上面有一个形如茶杯的深窝，随时都蓄满了雨水，这个茶杯叫作"成吉思汗茶杯"。

——来自新华社的消息

俄罗斯惊现唐代宫殿遗址和"成吉思汗大门"

俄罗斯与蒙古国接壤的图瓦共和国境内有一处神秘的古城堡遗址，它位于人迹罕至的捷列·霍尔湖中央，城堡墙高25米，厚9米，堡内屋宇酷似唐代建筑，湖畔则是传说中的"成吉思汗大门"。考古学家和史学家都不清楚，如此坚固的堡垒究竟是用来保护谁的？它与成吉思汗又有什么关系？去年5月至9月间，共有数百名俄罗斯考古学家和600多位大学生参与古城堡遗址的科学考察及发掘工作，其规模之大，堪称俄罗斯科考史上之最。图瓦共和国古城堡遗址名为波尔·巴任，建于7世纪，面积4公顷，位于海拔1300米的高山湖泊捷列·霍尔湖中央。几年前，俄罗斯考古学家对波尔·巴任进行了初步勘察，结果发现，捷列·霍尔湖的湖水正在不断上涨，潮汐已经严重威胁到城堡遗址的安全。如果不及时抢救，这座千年古堡将毁于一旦。

俄罗斯紧急情况部部长绍一古表示，波尔·巴任古堡是古代维族人修建的夏宫。目前，考古工作者已经基本完成发掘工作，并在图纸上恢复了古堡的原貌。绍一古称，政府已经将该遗址列为国家文物保护区。

俄罗斯考古学家在对波尔·巴任城堡发掘的同时，也对其周边地带进行了认真考察。考古学家发现，捷列·霍尔湖周围居然坐落着100多个大型古墓。更让考古学家惊奇的是，在湖的西岸，竟然找到一处宗教仪式式建筑群，当地居民称之为"成吉思汗大门"。目前，"成吉思汗大门"所能见到的物证仅仅是三块单独伫立的白色大理石石板，上面有两行古代突厥文字。历史上，骁勇好战的成吉思汗的确多次到过图瓦地区。而且还有一种说法，他的陵墓就在这附近。不过，考古学家目前还无法断定，"成吉思汗大门"与成吉思汗是否有直接联系。

（2008年1月9日　作者：任乡间）

草原丝绸之路
在蒙元时期达到了顶峰

茶马互市图（采自《中国少数民族文化史图典》北方卷）元代墓葬出土的
陶商队 选自《天骄遗宝·蒙元精品文物》

"草原丝绸之路"是指蒙古草原地带沟通欧亚大陆的商贸大通道，是"丝绸之路"的重要组成部分。其主体线路是由中原地区向北越过古阴山（今大青山）、燕山一带的长城沿线，西北穿越蒙古高原、南俄草原、中西亚北部，直达地中海北陆的欧洲地区。草原丝绸之路东段最为重要的起点是内蒙古长城沿线，也就是现今的内蒙古自治区所在地。这里是游牧文化与农耕文化交汇的核心地区，是草原丝绸之路的重要链接点。

蒙元时期是草原丝绸之路最为鼎盛的阶段。成吉思汗建立横跨欧亚的蒙古汗国，道路四通八达，并建立驿站制度。至元朝建立了以上都、大都为中心，设置了帖里干、木怜、纳怜三条主要驿路，构筑了连通漠北至西伯利亚、西经中亚达欧洲、东抵东北、南通中原的发达交通网络。元代全国有驿站1519处，有站车4000余辆，这些站车专门运输金、银、宝、货、钞帛、贡品等贵重物资。当时，阿拉伯、波斯、中亚的商人通过草原丝绸之路往来中国，商队络绎不绝。草原丝绸之路的发达，为开放的元朝带来了高度繁荣，使草原文明在元朝达到了极盛。中国的指南针、火药、造纸术、印刷术通过草原丝绸之路传播到了欧洲，从而推动了世界文明的发展。

（陈永志：内蒙古文物考古研究所所长、史学博士）

惊现1222年版的一枚成吉思汗金币

成吉思汗（Chingiz Khan）金币

上海市博物馆藏

惊现1222年版的一枚成吉思汗金币

1217年，成吉思汗派往花剌子模的和平商队被诬为间谍而遇害。于是，成吉思汗在1219年发动西征。他亲率大军二十万征讨，大获全胜。为庆祝胜利，成吉思汗令窝阔台在加兹尼制造金、银币纪念。因为数量不多，故非常罕见。

因伊斯兰教禁止崇拜偶像，所以成吉思汗金币上只有阿拉伯文字，没有图像。钱币正面中间四行是："汗中之汗、最伟大、最公正、成吉思汗"，圈外边缘部位文字环绕，内容为"金币于伊历618年(公元1222年)制于加兹尼"。钱币背面是宗教颂语"除真主外别无他神 穆罕默德是真主的使者 教主之名教主之尊位"。

上海市博物馆中国历代钱币馆收藏有一枚"成吉思汗金币"，该金币是由上海青红帮大佬杜月笙的儿子杜维善先生捐赠。据上海博物馆介绍该金币"存世量一枚"，稀世珍品，故放在馆内中央单独的展示柜里，非常震撼。

现存世界上最早（1260-1269）的纸币竟是元中统元宝交钞

元中统元宝交钞

　　"中统元宝交钞"是中国现存的最早由官方正式印刷发行的纸币实物（宋代纸币至今无实物）。发现于呼和浩特市东郊白塔（壹拾文中统元宝交钞）。刻版印制时间为元代中统元年（公元1260年）的忽必烈时代。这种纸币已与现代的钞票别无二致。"中统元宝交钞"为树皮纸印造，钞纸长16.4厘米，宽9.4厘米，正面上下方及背面上方均盖有红色官印。

　　元代纸币实物极为罕见。尤其是中统钞。从面值系列来看，元钞，包括至元宝钞，现存较多的是一贯、贰贯，其次是伍佰文。白塔中统钞是目前所知世界上唯一的一张早期元钞，也是唯一的一张最小面额的元钞，它为元代货币史的研究提供了极其重要的实物资料，弥足珍贵。

世界多国发行成吉思汗金银币

　　中国人民银行于1989年发行的中国杰出历史人物金银纪念币（第6组）中的一枚金币，选取成吉思汗造像为其背面图案，其正面图案为中华人民共和国国徽，并刊国名、年号。背景饰以战马及蒙古包，并刊成吉思汗及其生卒年份和面额。

　　1997年央行发行中国传统文化第二组金银纪念币一套，共10

枚，金币和银币各 5 枚。其中金币和银币背面图案均为成吉思汗站立像。均为中华人民共和国法定货币。

2003 年蒙古国发行成吉思汗金币面值为 1000 图格里克。后米又发行面值为 500 图格里克的金币。

2013 年 10 月，欧洲蒙古后裔为了纪念祖先 CENGHISKHAN 成吉思汗，联合德国铸币厂铸造了一款名为 KHcoin(译为"可汗金币") 的纪念金币和银币。可汗金币为纯镀金银铸造。

KHcoin 金币的正面为成吉思汗的正面像，英文写着 CENGHISKHAN，左侧则为蒙古文字"铁木真"。头像下面则是" the history of founder 1162——1227 年（历史的缔造者）"

背面是一只草原雄鹰翱翔在蒙古帝国版图上，仿佛蒙古图腾——草原雄鹰无时无刻地在保护并保佑着这片领土。地图上方"the spirit of mongolia"蒙古精神，顶部为面值"100"。

哈萨克斯坦国家银行发行著名历史领导人系列——成吉思汗纪念银币一枚。

该币为哈萨克斯坦法定货币，由哈萨克斯坦造币厂铸造。 正面图案：右侧为一匹奔驰着的骏马，马背上为弯弓射雕的成吉思汗侧面图；左侧为镀金的哈萨克斯坦国徽，国徽突出表现了哈萨克人传统的金色毛毡圆顶帐篷、饰带凌空飞扬的骏马，象征游牧生活，底部饰带上是哈萨克文国名"哈萨克斯坦"，国徽下方刊面额。币的上下缘分别为哈萨克斯坦文和英文版哈萨克斯坦国名，右下方刊发行年号。背面图案：中央为骑马出征的成吉思汗肖像，背后为浩浩荡荡的军队；上方为成吉思汗姓名及其生卒年份。币的左下方为材质和成色，右下方为重量。

——来自中国金币网：2008-11-27

坐落在鄂尔多斯康巴什广场上的雕塑"海纳百川"

成吉思汗收容了大批洋人

在成吉思汗西征过程中，曾招降了中亚和波斯的一些伊斯兰教徒上层人物，他们跟随蒙古统治者南征北战，建立了不朽的功勋。

阿刺浅，又名札八儿火者，史称寒夷氏，为穆罕默德后裔。阿刺浅早年经常往来于大漠南北，贩卖牲畜皮毛。1203 年，他骑着一峰白色骆驼，赶着一千只羯羊，沿着额尔古纳河打算到黑龙江内外兴安岭中的布特哈游猎部落进行贸易，途经班朱尼河，正好遇到成吉思汗败于怯烈部首领汪罕，设誓河边。阿刺浅与成吉思汗邂逅相遇，一见面便受到成吉思汗的器重。他参加了班朱尼誓约，为盟誓的 19 人之一，此后便弃商从军，追随成吉思汗四处征战，并在灭金和占领金中都的过程中立下了赫赫战功。成吉思汗攻占金中都后曾说："朕今日得至此者，阿刺浅之功也。"窝阔台继位后，命其管理西域驿站，死时 118 岁。

阿刺瓦儿思，旧称"回鹘八瓦耳氏"，原为外里海的八瓦耳（Bavard）地方的千夫长。成吉思汗西征，部队驻扎于八瓦耳，阿刺瓦儿思率部归顺。他跟随成吉思汗攻克了翰海军、轮台、高昌、撒麻耳干等地，后战死于军中，其后裔也都效忠于元朝皇帝。

成吉思汗收容了大批洋人

　　曷斯麦里，原为西辽咨则斡儿朵人，仕于西辽国王直鲁古。屈出律篡夺西辽政权后，他仍效忠故主，伺机为直鲁古报仇。1216年，蒙古大将哲别奉成吉思汗之命西征，曷斯麦里率部迎降，成为哲别西征的先锋。由于他作战勇猛，指挥得力，在西征中可谓战必胜，攻必克，哲别经常在成吉思汗面前夸奖他的战功。哲别西征回师后，正好赶上成吉思汗准备亲征西夏，曷斯麦里便将自己在征战中获得的珍宝尽数奉献给成吉思汗，并请求随大汗出征。成吉思汗对他十分欣赏，对左右群臣说："哲别常称道曷斯麦里的功劳，他的躯干不高，声誉却很大。"于是接受了他的奉献，任命他为必·赤，让他常在自己左右征杀，为元初著名战将。

　　赛典赤·瞻思丁，原为布哈拉人，世为贵族。成吉思汗西征时，他"率千骑以文豹白鹘迎降"，充任成吉思汗的帐前侍卫，随其征战。他在窝阔台和蒙哥时专管燕京路，忽必烈时升为燕京宣抚使、中书平章政事，1274年任云南行省平章政事。他在云南推崇儒学，提倡礼仪。婚姻行媒，种植粳稻桑麻，创立孔子庙、明伦堂，对云南地方的政治、经济和回族的发展起了积极作用，成为元代卓有声誉的政治家。

　　成吉思汗西征中归降的另一位著名人物哈只哈心，其祖先为阿鲁浑人，曾两次到麦加朝圣，办事勇敢果断。成吉思汗西征攻打花剌子模国时，他率部据守一个水口，与成吉思汗军对抗。史载：他"镇河水里渡，太祖皇帝兵压境，公断渡修垒，坚守持久，众怨公不降，惧破则残尔。公叹曰：'废兴有天，我非不知？但臣子分当尔。'众益倾泪，将内变，遂降。上按剑问抗师罪，先断其发，将诛之。正色对曰：'臣各为其主，非罪也。死不过污一席地，何恨！但恐无名尔。'上壮而释之。"（元·许有壬《至正集》卷五三）哈只哈心归顺成吉思汗之后，主动请缨，招降了失剌子国，深得成吉思汗信任。以后他又随蒙哥之弟旭烈兀西征，重返波斯，帮助旭烈兀创建了伊儿汗国。他的子孙则留在了中原。

意大利文版　蒙古军

　　这些人只是蒙古西征归降者中的代表。那时蒙古的西征虽然残酷，但对抵抗后被俘的归降者却十分信任。成吉思汗把这些人的抵抗视为英雄行为，时常称赞。1222年，成吉思汗率军攻打不花剌，国王摩诃末逃遁，其子札兰丁企图重振旗鼓，成吉思汗又败札兰丁，一直追击到申河（印度河）。札兰丁被蒙军包围，走投无路，便从高崖上跃马投入波涛汹涌的印度河逃走。诸将还要去追击，成吉思汗看到这种勇敢行为，忙命停止追击。夸曰："大丈夫当若是。"并对自己的儿子们说："这才是你们应当效法的榜样啊！"

　　就这样，成吉思汗在西征过程中收容了大批中西亚贵族，对他们加以重用，在建立元帝国过程中发挥了巨大作用。

（郭福祥　左远波）

千年风云第一人——
The Greatest Man over a Thousand Years—
Large Photos (Books) Exhibition about
Genghis khan and Mongol Horses
成吉思汗及蒙古马
大型图片（图书）展

主办单位：锡林郭勒职业学院
Sponor: Xilingol Vocational College
承办单位：成吉思汗文献博物馆
锡林郭勒职业学院图书馆
Organizers: Inner Mongolia Genghis Khan
the library of Xilingol
展览时间：2014年10月25日—
展览地点：锡林郭勒职业学院图书馆

世界 50 多个国家的
成吉思汗文献 "现身"
内蒙古博物院

　　新华网 2014 年 8 月 14 日报道：世界上最早的外文版成吉思汗
文献——波斯文《史集》；1886 年法文版《史集》；盖满世界各国
印章的《千年风云第一人》上海世博会记忆书；日本最早出版的《蒙
古秘史》——那珂通世《成吉思汗实录》（1907）；美国最早出版
的成吉思汗传记雅各布·阿博特著《历史的创造者》，等近 1000
种图书文献 "现身" 内蒙古博物院。世界首家内蒙古成吉思汗文
献博物馆的主人巴拉吉尼玛、张继霞将其搜集到的世界 50 多个国
家和地区的成吉思汗图书文献 "移步" 至内蒙古博物院进行展出。

　　记者在现场看到，在偌大的内蒙古博物院展厅内，这些在中
外史家看来均十分罕见的成吉思汗文献安静地 "躺" 在展厅内，
一批批中外游客现场驻足观看、拍照。观者称，第一次在内蒙古
博物院看到世界上这么多国家关于蒙古史、成吉思汗方面的图书

文献，这么罕见的《成吉思汗传》，不仅有中文，还有日文、英文、德文、法文、阿拉伯文等四五十个语种写就的传记。

记者注意到，在展台一角，一册发黄的书籍引发了众人热议，经巴拉吉尼玛介绍，大家才知道这册书竟是国内最早（清光绪年间）的木刻版《成吉思汗传》在国内实属罕见。

巴拉吉尼玛告诉记者，在内蒙古博物院展出的这些图书文献，仅是其文献博物馆馆藏的十分之一。这些罕见的图书文献也引起了国内外成吉思汗文化研究学者的兴趣，他们不远千里来到内蒙古与其探讨、交流，并贡献最新关于成吉思汗著述的作品。

"这几天就有来自荷兰、日本、美国等地的学者前来交流、并贡献他们的最新成吉思汗作品，博物馆的书是越来越多了，我感觉自己现在做的事很有意义。"巴拉吉尼玛兴奋地说。

今年76岁的巴拉吉尼玛，退休前是内蒙古日报社高级记者，退休后与老伴张继霞一起，在孩子们的支持下，先后奔波世界40多个国家，十多年来共搜集到世界上50个国家的有关成吉思汗图书文献，约10000册，并于2013年成立了世界首家成吉思汗文献博物馆。

对于老人此举，内蒙古文化厅文物处处长、文物学家王大方在接受中新社记者采访时说，希望能有更多的学者、专家将老人搜集到的成吉思汗文献进行翻译、解密，对这些文献进行深入研究，还原成吉思汗的本来面目。

（记者 李爱平）

GHINGGIS KHAN
BY Hairihan

海日瀚画

缔造全球化第一人

成吉思汗是一个高瞻远瞩的统帅，是缔造"全球化"的第一人。他将东方的先进文化和科技引入了蒙昧时代的欧洲，唤起了全球性的人类觉醒。他用古代"驿站"形式实践了今天"网络"的功能，联通了东西方的交流，并重新划定了世界的版图。

蒙古国邮票

✕ 蒙古人带来第一次"全球化"

蒙古人的征服虽然伴随着残忍、血腥的杀戮，但也扫荡了之前存在的此疆彼界所带来的种种阻隔。成吉思汗的继承者窝阔台所建立的驿站系统则保障了欧亚之间交通的便利与安全。尽管蒙古人没有取得文化或技术上的创举，但"当他们的军队征服一个又一个的文明之后，他们收集每一个文明的所有技术，并将他们传递于各文明之间"，"蒙古人横扫全球，既成为征服者，也充当了人类文明至高无上的文化载体"。可以说，蒙古人为人类带来了第一个"全球化"时代。

——杰克·威泽弗德：《成吉思汗与今日世界之形成》

元代驿站图

⊗ 成吉思汗开创首个"全球化"体系

在奥斯曼土耳其阻断东西方的交通之后，哥伦布向西班牙的君主费迪南二世（Ferdinand Ⅱ 1452—1516）建议，他可以从海路前往东方以重新建立西方与蒙古大汗的联系。由于哥伦布开辟新航路的诱因之一是《马可·波罗游记》的影响，而他本人又曾在热那亚当水手，布克哈特（Jacob Burckhardt 1818—1897）因此认为，

波斯画 成吉思汗在宣讲

欧洲文艺复兴之所以发生在意大利，是因为意大利人的思想最早转向发现外部世界，也就是说它受了蒙元帝国的影响。（《意大利文艺复兴时期的文化》，商务印书馆1979年版）由于《马可·波罗游记》的传播，文艺复兴时期的西方学者对东方文化尤其是蒙元时代多有好感，如罗哲尔·培根（1214—1294）认为蒙古人的成功是靠科学。乔叟（1340—1400）在《侍从的故事》（The Squie 's Tale）中对成吉思汗也不吝赞美之词。此外，《马可·波罗游记》渲染东方的文明和富庶，声称蒙古大汗亲近基督教，也使一般民众心向往之。

17、18世纪的西方启蒙运动兴起之后，西方学者对蒙元时代的评价有了很大的转变，蒙古人甚至成了一切邪恶事物和专制的象征。孟德斯鸠说，"鞑靼民族的奴隶性质使他们在被征服的国家里建立奴隶制和专制主义。"（《论法的精神》，商务印书馆1983年版，第277页）伏尔泰在他改编的《赵氏孤儿》中把成吉思汗描绘得野蛮而凶残。在当时，这些批评虽然影射的是法国国王的专制，但却形成了把蒙古人比作邪恶势力的风气，影响到日后西方学者对蒙元时代和成吉思汗的评价。例如格鲁塞（René Grousset, 1885—1952）就说，成吉思汗被看成是人类的灾难之一，他把恐怖作为一种政体，把屠杀成为一种蓄意的有条理的制度。

——摘自《博览群书》2007年第5期（原载《草原帝国》，商务印书馆1998年版）

⊗ 波恩展览：成吉思汗乃"全球化"始祖

长期以来，成吉思汗的历史形象总是跳跃在神乎其神的民间传说中，"只识弯弓射大雕"的一代天骄总是令人联想到残暴凶悍、茹毛饮血的蛮夷首领。2005年6月16日至9月25日，波恩联邦艺术展览馆全面展示"成吉思汗及其遗产"，规模之大，范围之广，尚属国际首次。这次展览，用事实彻底颠覆了人们对成吉思汗的误解，证明了成吉思汗乃"全球化"的始祖。

——德国之声 2005-06-17

该图由齐木德道尔吉教授提供

⊗ 日本学者称：
"世界体系"以"蒙古时代"为开端

日本京都大学教授、蒙元史学家杉山正明说：二十多年前，我向世界提出了"蒙古时代"这一视角，如今看来，世界各国的主要研究者接受了这一提法。具体来看，蒙古帝国在13、14世纪形成了人类史上版图最大的帝国，亚非欧世界的大部分在海陆两个方向上联系到了一起，出现了可谓"世界的世界化"的非凡景象，从而在政治、经济、文化、商业等各个方面出现了东西交流的空前盛况。上述13、14世纪"蒙古时代"成立、展开之后，这一动向得到了延续。在15至17世纪的非洲–欧亚大陆之上，俄罗斯的出现与扩大、图格鲁克王朝以后的印度次大陆的整合，以及横跨陆地与海洋的奥斯曼帝国的形成，这些都是与所谓的"近世"有直接关联的重大变化。这种情形大体上意味着，比如说，我们可以在"后蒙古时代"这一命名下，将其综合性地理解、概括为非洲–欧亚大陆的后续展开。另外，这一"后蒙古时代"的说法，是我和美国代表性的学者约翰·伍兹几乎同时提出来的。另外，就中华地域而言，在蒙古的撤退、帖木儿席卷与退潮的过程中，明清帝国得以形成，进入了下一个时代。总之，从蒙古帝国开始，经过三个或四个阶段，可以说如今正在形成真正的"世界体系"。

作者杉山正明：日本学者，专治蒙元史、中亚史，著有《疾驰的草原征服者》《蒙古帝国的兴亡》《忽必烈的挑战》等历史专著十余部。

杉山正明先生为日本京都大学大学院文学研究科教授，专治蒙元史、中亚史，著有《疾驰的草原征服者》《蒙古帝国的兴亡》《忽必烈的挑战》等历史专著十余部。

《上海书评》封面

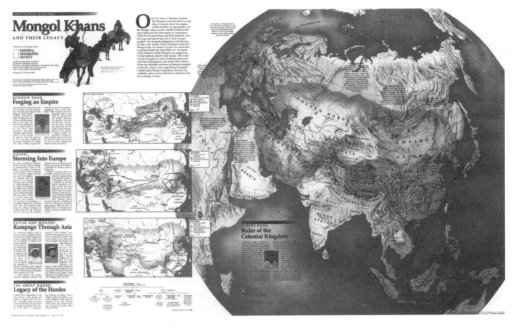

图来自英文版《蒙古帝国》一书

印度前总理曼莫汉·辛格

✿ 印度共和国前总理曼莫汉·辛格：
成吉思汗推出了全球化概念

曼莫汉·辛格说：成吉思汗在人类历史上留下了永不可抹的辙痕。他是真正的蒙古人民的伟大儿子，统一了蒙古民族、建立了大蒙古国。同时，在辽阔无垠的帝国领土上大力发展商业和文化的交流，推出了全球化这个概念。

——摘自《大蒙古国》

德国前总理赫·施密特

✿ 德国前总理赫·施密特：
一体化只有成吉思汗时代才出现过

据《国际先驱导报》驻柏林记者郑汉根报道，德国前总理赫尔穆特·施密特说：欧洲过去上千年的历史也是一部出现危机之后又得到解除的历史。这也表明，目前欧洲一体化面临的危机也将得到解除。所以，也可能在５０年后出现一个十分有行动能力的欧盟。那么这将是人类历史上一个辉煌的成就。这种辉煌成就相当于使越南、泰国、蒙古、日本、中国这些亚洲国家成为一个联盟。类似这样的一体化在人类历史上还没有出现过，只是在一些征服者的时代出现过，比如成吉思汗、亚历山大大帝以及拿破仑等，但是自愿形成的联合还没有出现过。所以这种联合是很难实现的，即使可能形成，那也需要很长的时间。我也不会活那么长，所以也就不去做预测了。

——新华网 2004 年 10 月 25 日

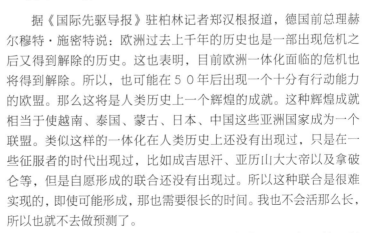

成吉思汗的影响在世界各地

※ 史学名家、中国社会科
学院院士陈高华说：在中
国历史上没有第二个历史
人物像成吉思汗那样，受
到这么多的关注。

印度古代画

※ 成吉思汗研究学家、30 集电视剧《成吉
思汗》的编剧朱耀廷教授说：
在中国众多帝王中大概只有成吉思汗是最具
有世界性影响的人物了！

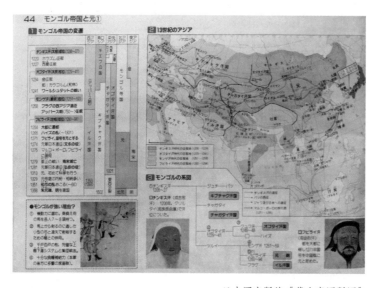

日本国出版的《蒙古帝国版图》

✿ 伊朗总统阿亚图拉·赛义德·阿里·哈梅内伊说：可汗给我们（伊朗人民）留下了许多珍贵的东西

伊朗总统阿亚图拉·赛义德·阿里·哈梅内伊

他说："我们对蒙古人评价很高，感到很亲切。""你们的可汗给我们留下了许多珍贵的东西。让什叶派宗教成为波斯的主要宗教，建立了第一个天文学中心、第一所大学、第一座医院、第一个图书馆。"

——摘自蒙古国总统查希亚·额勒贝格道尔吉接受法国《费加罗报》记者访谈录。（蒙古国家公共电视台 2016 年 1 月 11 新闻报道）

✿ 【延伸阅读】对于伊朗文明来说，蒙古统治时期是一个辉煌的时期

伊朗在蒙古人占领时期的统一，以及与拜占庭、热那亚、威尼斯和中国以及其他国家交往的建立，促进了这些国家之间的文化交流。精确的科学（如天文、数学等）在伊朗获得了高度发展，建筑学也获得很大发展。

——《伊朗史纲》，三联书店，1973 年

图来自（以色列）出版的《成吉思汗与今日世界的形成》

✿ 蒙古征服
对波斯文化起到了不可磨灭的作用

成吉思汗帝国的规模在历史上没有出现过与他媲美的国家，它远远超过被欧美人赞不绝口的征服者亚历山大大帝、马其顿重枪骑兵的铁骑、罗马军的剑、拿破仑军的大炮所到的境界线。造成了基督教文化和伊斯兰教文化及其他文化直接会面的地理和交通条件，东西交通畅通无阻，真可谓"四海为家"、"无此疆彼界"。被蒙古人征服的塞尔柱王朝和在蒙古国家解体后仍存在了半个世纪的穆札法王朝在保护波斯诗歌方面起到了不可磨灭的作用。

——巴托尔德（苏联东方学家）《突厥蒙古诸民族史》

波斯画，来自波斯文《史集》

❀ 中央欧亚草原没有忘记成吉思汗的名字

　　蒙古帝国与此前的游牧帝国所不同的一点只是中央欧亚草原的游牧民没有忘掉成吉思汗的名字。在以后的游牧民社会中，只有成吉思汗的父系子孙才可以拥有汗号这条不成文的法律，直到17世纪至20世纪他们各自独立之前，始终统治着人们的思想，它被称作成吉思汗血统原理（Chinggisid Principle）。成吉思汗这样伟大的人格力量只能由中央欧亚草原全体游牧民来体现神的意志的结果，人们都被统一到帝国之内来说明。

　　——（日）宫胁淳子著：《最后的游牧帝国——准噶尔部的兴亡》，晓克译，内蒙古人民出版社，2005年4月出版。

Between 1921 and 1990, when Mongolia was under the rule of the Soviet Union, Genghis Khan was considered a tyrant who was best forgotten. Since Mongolia regained its freedom, he is once again looked upon as a national hero.

图来自（巴基斯坦）穆库苏德著《成吉思汗》
益乐穆伊尔凡出版社，2011年

成吉思汗与今日世界的形成

⊗ 成吉思汗是现代世界的奠基人，在塑造现代化世界方面，完全是一个现代人

他是近现代文明和全球化体系的开拓者，在塑造现代化世界方面，完全是一个现代人。

如果没有全球性的商业扩张，恐怕也就没有今天的世界体系。在促进全球化商业方面，没有哪个民族能与蒙古人相比。

——杰克·威泽弗德（美国人类学家、畅销书《成吉思汗与今日世界的形成》作者）

❀ 直到现在，仍对世界历史的进程产生影响

蒙古的侵略"促进了欧亚大陆间的相互影响"，"由这种相互影响提供的机会，又被正在欧洲形成的新文明所充分利用，这一点具有深远的意义。直到现在，仍对世界历史的进程产生影响"。对整个世界来讲，成吉思汗去世以后的影响远比生前更大。

——1970 年出版的《全球通史（1500 年以前的世界）》

图片齐木德道尔吉教授提供
2006 年 9 月维也纳市的宣传画

❀ 成吉思汗的诞生改变了世界方向

日本军事家饭村穰说，成吉思汗 800 年前就首先使用了凝固汽油弹。在攻克中都的蒙金战争中，因久攻不克，成吉思汗曾举办过陆军大学，第一课讲的就是攻城战。这个攻城训练班对后来攻克中都，以及在西征中，起到了相当重要的作用。

成吉思汗千方百计吸取时代精华，在军事理论、编制装备、战略战术上都进行了一系列革新，更加完备和发扬了突然袭击、速战速决的兵法。蒙古军像滚雪球一样，越滚越大，越滚越强。

成吉思汗这样的天之骄子的诞生，使世界从沉睡中觉醒，东西文化交流促成。《马可·波罗游记》吸引了哥伦布进行探险，从而发现了美洲大陆。欧洲人曾一度掌握世界霸权，后又美国崛起，日本被美国打败等等。所以，我把成吉思汗诞生可以看作改变世界方向，形成今日世界的诞生。

图来自德文版《成吉思汗》

——摘自《大统帅成吉思汗兵略》日译序和后言　巴图、都固尔扎布译

❀ 俄苏军事家曾认真学习和运用过成吉思汗的战略战术

蒙古族古代军事思想研究学者都固尔扎布经过研究沙俄及苏联的军事史后，得出了这样的结论：苏俄军事家曾认真学过成吉思汗的战略战术。他写道：罗斯民族在这段历史中蒙受了极大的

蒙古国　巴达日拉画

灾难，付出了极大的代价。这是问题的一个方面；而问题的另一方面恰恰是俄罗斯被蒙古帝国统治 250 年之久后，产生了俄罗斯大公国。它是依靠蒙古金帐汗国统一了互相对立、混乱无序的俄罗斯诸小国而建立起来的。所以，将蒙古人入侵俄罗斯的时代说成是"空白时代"，实在是啼笑皆非。对此，苏联一位历史学博士哈剌塔旺写道："一些俄罗斯历史学家民族自尊心可嘉，然而在历史上无知是可耻的。俄罗斯人，在蒙古统治时期，在蒙古学校学了二百年的政治，成功地建立了俄罗斯大国。其后向西欧的学校学习了二百年的政治而失败。所以，俄国人提出了'重新认识自己，还原原来自己'的口号"。还有一个值得注意的是，不论是沙俄时代还是苏联时代，以及俄罗斯时代的历史学家、军事家，他们有一个共同的特点，这就是：对成吉思汗的军事思想学得很认真。19 世纪俄国参谋本部军事评议会议员米·伊万宁中将和耶诺·柯列金中将都承认，彼得大帝改革军制以前，俄国沿用的是蒙古军制，以其人之道还治其人之身，用蒙古的战略战术击败了金帐汗国。

纵观沙俄及苏联的军事史，可以看出，他们用的一些战略战术与成吉思汗、拔都的大范围外线作战、分进合击、合围聚歼的战略战术极其相似，某些战法甚至基本吻合。苏军常用"拉瓦战术"即口袋战术，就是公元 1223 年 5 万蒙军在迦拉迦河畔消灭 10 万俄钦联军的会战中用的战法。二战中苏军对德、日的不少战役中也用了这个战法，引起了这些国家军界的高度重视。苏军虽然以这个战法打击敌人的时候用的是机械化部队，但无非还是从 800 年前蒙古军所用当时机动能力最强的骑兵发展而已。

——摘自《蒙古族古代军事思想研究论文集》第二集

❈ 俄罗斯近代名将迷黑尔将军研究了成吉思汗当年的战略战术

他说：成吉思汗之械器劲利而富有战斗力，军团整肃而队伍有秩序，纪律严正而号令极简明，将帅之远谋亦巧捷周致，战术战法皆超轶一时，能很快编成军伍，率以出战。其战也常捣敌中坚而灵捷机敏，以避敌之障碍，规模渊大，运以睿智神谋，其兵概用骁骑厥数数十万，虽以三四千骑驰突于广漠之野而不觉其少，以得运用之妙故也。政治亦有条理，立法行政，纪纲井然，提封方数千里之平原，逐水草畜牧，无定所，诸部之民族，悉使服已之统辖，其攻则必陷，战则必捷，一鼓而略有广大之邦土者，固非有他也，乃著成吉思汗战法论。

——摘自（日）太田三郎著《成吉思汗》 武进屠宽元博译

图来自（埃及）撒哈拉·拉佩《成吉思汗》2009 年

❀ 俄罗斯将成吉思汗战法战略之妙诀，传至彼得大帝

俄罗斯骨利真将军说：成吉思汗用兵方略，如昔希腊、罗马及其他后依之战胜者，其队伍整备，不用步兵，举中央亚细亚游牧之种民。其兵制虽极异类，而编列秩然，军纪严肃，为当时欧罗巴诸列国之所不能及。在于用捷劲利之骑兵故也。又其内治外交军政战法，并有绝伦之谋略，故民无不降服，兵无不击摧，而俄罗斯列邦，受其攻略，尔后二世纪间，蒙兀儿鞑靼人虽维系俄罗斯，而俄罗斯反得借其战法战略之妙诀，传至彼得大帝，当其国内未及革新振兴之前，即用蒙兀儿之战法战略，一举而驱逐彼等于疆外。

——摘自（日）太田三郎著《成吉思汗》 武进屠宽元博译 上海作新社藏版 清光绪二十九年七月

俄国画家塔布力丁·花乐思木画

另据《风暴帝国》（中国国际广播出版社，1997 年）写道，彼得大帝也学过 13 世纪的蒙古。莫斯科的东正教是由黑海向北的河流传来的，又受到希腊城邦文化的影响，所以莫斯科有蒙古野性的组织和军事制度，又有东正教和希腊理性的东西。彼得大帝对这些体验特别深，他的征杀完全是蒙古式的，法制是从蒙古学的，鞭打贵族也是从蒙古学的。彼得大帝的游戏兵团是蒙古的近卫军。

埃及前总统穆巴拉克

⊗ 埃及前总统穆巴拉克：
成吉思汗对中世纪产生了深刻影响

在历史上成吉思汗的功劳不仅统一了蒙古各部落，而且对重新绘制中世纪世界地图产生了深刻影响。同时，他生前的成功举动和身后形成的光辉事业，充分证明成吉思汗是一位伟大的政治家，杰出的军事家和具有高超能力的组织者。

——摘自《大蒙古国》

波兰共和国总统
莱赫·卡钦斯基

⊗ 波兰共和国总统莱赫·卡钦斯基：
蒙古帝国促进了各国间交流的蓬勃发展

蒙古国的诞辰与成吉思汗所创建的蒙古帝国具有密切的关系。成吉思汗的军事才能只是他创造辉煌业绩的一部分。中世纪蒙古人开创的欧亚之间的来往关系，不仅为丰富交通沿线的基础设施起到了重要作用，尤为重要的是促进了交通沿线各国间交流的蓬勃发展。

——摘自《大蒙古国》

俄罗斯联邦总统
弗拉基米尔·普京

⊗ 俄罗斯联邦总统弗拉基米尔·普京：
成吉思汗对世界历史进程产生了重大影响

成吉思汗对世界历史进程产生了重大影响。所以，2005 年 11 月联合国做出决定将隆重纪念大蒙古国建立 800 周年，当时我们国家也作为一名成员参加了该决定的起草工作。

——摘自《大蒙古国》

❈ 西班牙国家首相何塞·路易斯·罗德里斯：
游牧文明为人类文化遗产做出过重要贡献

联合国通过决定，完全肯定了在促进东西方文化交流和交融方面，为人类文化遗产做出过贡献的游牧文明，对于亚欧各国产生的重要影响及印迹。西班牙政府向联合国提交的关于共同建立国际文明关系的建议，其目的就是想表达这个愿望。

——摘自《大蒙古国》

何塞·路易斯·罗德里斯

❈ 马其顿共和国总统茨尔文科夫斯基：
蒙古游牧文明对亚欧各国产生了极深的影响

蒙古游牧文明对亚洲和欧洲各国各民族产生了极深的影响，同时人们沿着这条物资交流之线，把东西方的影响不断地吸收进来。

——摘自《大蒙古国》

茨尔文科夫斯基

❈ 马来西亚国王米詹·扎因·阿比丁：
大蒙古国对世界产生了重大影响

史书上非常清楚地记载着以成吉思汗为统帅的13世纪大蒙古国，对世界产生的重大影响。不可思议的是，800年前欧洲人还未到达亚洲之前，亚洲的一个民族竟然统治了世界大陆三分之一的疆域！

成吉思汗时代，人们的征服意识和征战欲望非常强烈，由于游牧民族善骑能射，往往能够战胜组织严明的文明国土。

——摘自《大蒙古国》

米詹·扎因·阿比丁

图来自巴基斯坦版《成吉思汗》

成吉思汗已成为整个亚洲
大草原多民族崇拜的偶像

　　据俄罗斯新闻网 2003 年 11 月 25 日报道，乌克兰历史学家阿列克谢·吉奴霍夫向外界公布了他最新的"惊人发现"，根据他的推测，成吉思汗的出生地在目前的乌克兰境内，大概的位置在顿河和第聂伯河之间的地域。

　　苏联境内的少数民族卡尔梅克人一直认为成吉思汗是他们的骄傲。

　　现代的哈萨克学者认为，成吉思汗的一些个人信息与哈萨克有着千丝万缕的联系。比如他们已在自己的境内找到了成吉思汗的坟墓，并有资料显示成吉思汗的乳名极富哈萨克民族的特色，他们认为这些足以证明成吉思汗的民族就是哈萨克。

　　——来自俄罗斯新闻网的报道 2003 年 11 月 25 日《国际在线》

图来自（英国）Doh Nardo 著《成吉思汗与蒙古帝国》

四海皆兄弟！
研究称1.6亿亚洲男性是
成吉思汗后裔

参考消息网1月30日报道　台媒称，根据英国莱斯特大学遗传学家乔布林（Mark Jobling）的追踪研究发现，亚洲有超过8亿个男性是11位古代领袖的后裔，其中来自元太祖成吉思汗的可能就占了1.6亿，比起其他"亚洲之父"，其后裔数量惊人。

据台湾东森新闻网1月29日援引英国《每日邮报》报道，乔布林对亚洲127个地区的5321名男性DNA进行分析后，在其中38.7%的人身上发现，有11组不同的Y染色体（只会在男性身上遗传）序列反复出现在基因组中，这显示他们来自11个世系庞大的古代家族，若按比例推算，他们祖先的男性后裔恐多达8.3亿人。

科学家透过这些长时间积累下来的随机突变，推算出了各自的Y染色体的起源时间。其中一组800年前起源于蒙古的Y染色体，遗传后裔就多达1.6亿人。乔布林相信，在当时能拥有如此庞大影响力的男性，恐怕只有身为帝王的成吉思汗。因为出身王公贵族的男性，拥有较多的妻妾以及较高的生育率，子女夭折率相对也更低。加上当时驯马技术的发展，以及战争、贸易、游牧生态等因素的影响下，因此衍生出更庞大的世系家族。

像是另一支庞大的世系：14 世纪女真族领袖觉昌安（清太祖努尔哈赤的祖父），男性子裔人数也高达 150 万人。除此之外，科学家发现，在西元 850 年的丝绸之路沿线，也曾有一个横贯西伯利亚大草原的强大统治者，建立起了庞大的世系，而科学家相信，这个人应该就是辽太祖耶律阿保机。

2003 年就曾有一项研究指出，全球至少有近 1600 万名男性与成吉思汗有血缘关系。如今科学家通过追踪、分析 Y 染色体相似的男性族群，这让他们深深相信，成吉思汗建立起一个横贯现今中国、伊朗、巴基斯坦、朝鲜以及南俄罗斯的庞大帝国，横跨欧亚两大洲，并成功通过后代，向全世界散播自己的基因。

如果想要进一步确定这项研究成果，最好的办法就是找到这些帝王的遗骸，并进行 DNA 比对。尽管成吉思汗的衣冠冢已经被发现并列入保护，但由于蒙古族盛行密葬，因此他真正陵寝所在依然成谜，目前有学者已经列出 55 个可能的地点，要进行调查。有趣的是，传说任何发现他长眠之地的人都会被守护者杀死，而守护者最后也会自杀。

——《参考消息》2015 年 01 月 30 日

四海皆兄弟！研究称 1.6 亿亚洲男性是成吉思汗后裔

蒙古国 嘎·蒙克其其格画

图来自哈萨克斯坦《成吉思汗传》

【延伸阅读】
哈萨克斯坦约有 6000 多名成吉思汗后裔

亚心中亚网 www.xjjjb.com 讯（译者：吴扎尔·丽芳）在哈萨克斯坦每 100 人中就有一个是成吉思汗的后裔。这句话来自于世界第一部研究成吉思汗族谱并详细叙述其 6000 多名后裔的书。

哈萨克斯坦研究员吉扎特·塔布尔金和阿纳托利·奥洛维茨奥夫对这一题材进行了 10 年的研究。

成吉思汗是个超级好色的人。这是塔布尔金和奥洛维茨奥夫对成吉思汗的评价。"现在他的后裔遍布全世界。学者收到了来自各大洲要求把自己列入成吉思汗后裔的信函。学者当然要对这些人进行审核。在我国不做 DNA 测试，哈萨克斯坦人把资料发给了美国实验室。"

两位历史爱好者，十年来为了考察、收集世界各地的资料，其中一个甚至卖掉了自己的房子。该书是在成吉思汗后人的帮助下于这周出版的。两名学者共发现了 6000 名成吉思汗的后人。书中详细介绍了成吉思汗的长子术赤和幼子托雷统治的时代。还将研究察合台和托雷的扩张路线。他们之后去了什么地方。

成吉思汗的后人就在我们之中。据统计，全世界共有 1600 万携带成吉思汗基因的人。在哈萨克斯坦每 100 人中就有一个。另外，研究者认为，成吉思汗后人的平均智商要高于普通人。哈国部分大学校长、很多数学家和医生都是这个伟大王朝的子民。甚至包括国家曲棍球队的队员和代表。在阿克奥尔达也有成吉思汗的后人，但在这次传记中没有收录，按照学者的说法，他们不知为什么不愿意宣扬。

（发布日期：2010-7-28）

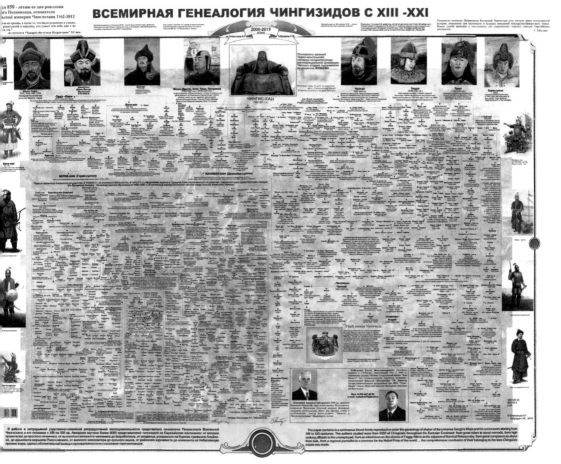

该图由哈萨克斯坦共和国学者制作

四海皆兄弟——研究称1.6亿亚洲男性是成吉思汗后裔

❀【延伸阅读】
现代的哈萨克学者认为，成吉思汗与哈萨克族有着千丝万缕的联系

现代的哈萨克学者认为，成吉思汗的一些个人信息与哈萨克有着千丝万缕的联系。比如他们已在自己的境内找到了成吉思汗的坟墓，这足以证明成吉思汗的民族就是哈萨克。同时，有资料显示成吉思汗的乳名极富哈萨克民族的特色，更何况在当时的蒙古境内生活着哈萨克民族。

年轻的哈萨克斯坦共和国想将自己的历史延伸到成吉思汗的年代，不过，到目前为止他们还没有找到坚实的证据来支持这个观点。而卡尔梅克人一直认为成吉思汗是哈萨克人的骄傲。总之，成吉思汗已成为整个亚洲大草原多民族的民族偶像，这种现象将继续存在下去。（徐景俊）

——来自国际在线（2003-11-25）

❀ 【延伸阅读】
阿富汗哈扎拉人是成吉思汗的后裔

英德研究人员在 14 日出版的美国《科学》杂志上报告说，丝绸之路的贸易、成吉思汗西征乃至欧洲的殖民扩张等重大历史事件的影响，都反映在现代人类的基因中。

研究人员利用世界各地 95 个民族近 1500 人的 DNA 数据，绘制出一幅过去 4000 年中的人类基因交流地图，为人类通过基因分析的方法，"考古"历史事件提供了可能。

据研究人员介绍，人类基因交流地图，反映出一些以前没有记录的历史事件。比如，中国土族人的基因数据表明，公元 1200 年左右，类似于现代希腊的欧洲人，可能与当时的中国地区的人通婚，这些欧洲人是沿着丝绸之路而来做生意的商人。

但更多的是，人类基因交流地图为许多有记录的历史事件提供了佐证。比如，据记载，阿富汗和巴基斯坦的哈扎拉族人，是成吉思汗及其后人西征留下的后裔，这可以从哈扎拉族人基因中找到"清晰的证据"。这种基因分析技术也揭示了其他重大历史事件的"基因遗产"，比如巴基斯坦一些民族的基因数据，显示了他们继承了撒哈拉以南非洲黑人的 DNA，而另外有些人则继承了古代欧洲人的基因。

参与研究的德国马克斯·普朗克，进化人类学研究所的丹尼尔·法卢什解释说，每个民族都有着特定基因"主色调"，因而人们可以用它来"描绘"由迁徙、扩张等重大历史事件导致的基因流动。

——山西新闻网 -《山西晚报》 2014 年 02 月 17 日

❀ 【延伸阅读】
成吉思汗的后裔在阿富汗

阿富汗是一个多民族的国家，普什图族为阿富汗的主要民族。其历代国君和领导人多属普什图族（该族主要居住在阿的东南部），另外还有乌孜别克族、土库曼族、塔吉克族（多居住在阿北方和

西部），哈扎拉族主要居住在阿富汗中部山区。哈扎拉人长得像蒙古人，是成吉思汗 13 世纪西征时留在阿富汗士兵的后代。

在阿北方很少看到哈扎拉人。但哈扎拉人几百年前西征经过阿富汗时的粗暴行为，显然给阿富汗留下了太深的印象。

我的这个感受就产生在旅途

中，在美马那省（现称为法里亚布省）省会马伊马纳的一个旅馆里，我们刚吃晚饭，忽然一位穿着阿富汗民族服装的大汉推开房门，两手叉腰，严肃而带些粗暴地质问我们。这个大汉见他的第一招儿没有吓住我们，于是说："对中国人，我们很熟悉。几百年前，成吉思汗还侵略过阿富汗，至今仍有你们的后代生活在阿富汗呢！"

他的话，使我们发现，阿富汗人对成吉思汗过去西征时，给他们留下的印象是多么深刻。看来，这个人可能对中国历史还不清楚，对目前的中阿友好关系还不太了解……（作者马行汉，1958 年曾任中国驻阿富汗大使馆随员、临时代办）

——摘自《环球时报》2001 年 9 月 21 日

四海皆兄弟！研究称 1.6 亿亚洲男性是成吉思汗后裔

❀【延伸阅读】
阿富汗和巴基斯坦的哈扎拉族人声称
自己是成吉思汗的后裔

今年 6 月，英国牛津大学遗传科学家赛克斯，推出了有关男性染色体（或 Y 染色体）研究的新书《阿当的诅咒》（Adams Curse），他在书中声称成吉思汗可能是历史上最成功的"播种者"，这位以勇武

哈扎拉族青年男女

著称的统治者，至少有 1600 万带有其男性染色体的男性后裔，英伦三岛也有可能发现他的子孙。

赛克斯在书中指出，牛津大学的科研人员，从亚洲 16 个地区抽取男性居民的 DNA 样本，结果发现 8% 的居民拥有同一男性染色体。科学家认为他们可能是成吉思汗的后裔，因为三分之一哈扎拉族的男性也拥有这种染色体，这些人居住在阿富汗和巴基斯坦边境，他们一直声称自己是成吉思汗的后裔。

赛克斯还解释了成吉思汗子孙众多的原因，他指出，成吉思汗王国的版图在 13 世纪横跨蒙古至阿富汗，并伸延至俄罗斯和伊朗。他有不少混血儿子，而这些儿子身上都带有他的染色体。

成吉思汗逝世后，他的四名拥有继承权的儿子和两名孙儿延续了"家族传统"，他们不但同样英勇善战，将势力扩张到俄罗斯、匈牙利和波兰，还勤于传宗接代，将成吉思汗的染色体散播到欧亚大陆，这样成吉思汗家族就变得越发庞大了。

——日本华人报《中文导报》（2004 年 6 月）

✕ 帖木儿雕像屹立在乌兹别克斯坦塔什干

本报记者寇兴耀乌兹别克斯坦塔什干2日晨讯：一路走来，我们看到的街头雕塑，最多的一是这个国家以前最崇敬的领袖列宁，另一个是骑着骏马、刀指前方的帖木儿（又音译为铁木儿）大帝。据说，帖木儿是中亚地区游牧民族心中的英雄、霸主。

成吉思汗建立的蒙古帝国在他的孙子们时最后定型，以中国的元朝为大汗辖区，另外，还有服从大汗宗主权的四个相对独立的国家，这有点类似于后来的英联邦。

14世纪中叶，四大汗国除窝阔台汗国被自己的兄弟汗国吞并之外，都与后来异军突起的帖木儿帝国有过交往，并都吃尽了"跛子帖木尔"的苦头。帖木儿30多年的征服战争，建立了一个领土从德里到大马士革，从咸海到波斯湾的大帝国。

1336年4月8日，帖木儿出生于西察合台汗国的撒麻耳罕以南的渴石城附近的霍加伊尔加村。帖木儿的母亲是成吉思汗的后代。妻子是西察合台汗国合赞汗的女儿，因此《明史》称帖木儿为元驸马，称其国为撒麻耳罕国。不过，帖木儿一直自称是成吉思汗的后裔。

帖木儿在遗嘱中给他的子孙各留下一块封地，在他死后，他的后裔立即展开了争权夺位的血战，帝国因此四分五裂。15世纪中叶，乌兹别克游牧部落在中亚草原兴起，乌军1500年攻占布哈拉和撒麻耳罕，建立乌兹别克汗国，帖木儿帝国灭亡。

接待我们兼做翻译的乌兹别克中国文化交流协会会长老阎介绍，苏联时期，很少宣传帖木儿，但独联体分裂后，中亚这几个国家都将帖木儿奉为民族英雄，高调宣扬，塑了许多雕像。

我想，这中亚杀出的猛将那么不给北部欧洲人面子，当年自然是不想宣传的。但中亚国家独立后亟待崛起，因此，需要有民族英雄、强者来振奋民心。

——来自《洛阳日报》 2006-11-03

勇往直前（草原大写意） 吴斯日古楞画

❈ 1600 万中亚男性约 8% 是成吉思汗后裔

据英国《观察家报》报道，一个由多国遗传学家组成的研究小组的研究显示，中亚有超过 1600 万男子拥有与蒙古领袖成吉思汗相同的男性 Y 染色体，这表示全球每 200 名男性中便有 1 人是成吉思汗的后人。

这个由英国、意大利、中国和乌兹别克专家组成的研究小组抽取了中亚 200 名男子的细胞组织样本，并研究每人的 Y 染色体。Y 染色体是人类血统遗传基因的一部分，它定义男性性别，且只由父亲传给儿子。

不同血统男子的 Y 染色体都会有轻微不同，但该研究小组却发现，在他们抽取的样本中，有一大群人的 Y 染色体没有显示出任何差别，这显示他们拥有一个共同的祖先；他们还发现，拥有相同 Y 染色体的人地理分布几乎跟成吉思汗的帝国完全吻合，由中国伸延至中东。

为何一条 Y 染色体能对范围广泛的人口造成如此重大的影响？研究小组负责人泰勒·史密斯表示，对此只有两个解释。其一是该染色体赋予其拥有人某些生理优势，但 Y 染色体没有这种影响。

另一个解释是该染色体的拥有者拥有某些难以置信的社会优势，让染色体一代又一代地传下去。成吉思汗正好符合这个解释，他拥有许多妻子，在南征北伐之时又俘虏了许多女人，并与她们发生关系。而在他的子孙统治欧亚大陆的两个世纪之内也拥有多不胜数的女伴。

泰勒·史密斯说："一名 13 世纪的波斯历史学家曾声称，成吉思汗在世时（1162 年至 1227 年），他频繁的性交活动在一个世纪内创造了超过 2 万人的家族。现在中亚男性中约 8% 是成吉思汗的后人。"

——来自《羊城晚报》2003-03-04

RUSSIA
EUROPE
URAL MTS.
ASIA
MONGOLIA
Karakorum
GOBI DESERT
Beijing
Tian Shan
Aral Sea
Black Sea
Caucasus Mts.
Volga R.
Huang He (Yellow River)
CHINA
PERSIA
Plateau of Tibet
HIMALAYAS
Chang Jiang (Yangtze) River
Hangzhou
EGYPT
Arabian Peninsula
Mediterranean Sea
Red Sea
INDIA

Mongol Empire
Great Wall
0 400 800 Miles
0 400 800 Kilometers

GEOGRAPHY SKILLS INTERPRETING MAPS
Region How far west did the Mongol Empire stretch?

HISTORY
VIDEO
Genghis Khan: Terror and Conquest
hmhsocialstudies.com

14世纪前期欧亚大陆主要国家及东西方交流
图来自《世界历史·文艺复兴中的古文明》

成吉思汗崇拜的浸透

　　从15到17世纪，有关成吉思汗未成文的传奇资料，从蒙古到中亚，到伏尔加——乌拉尔地区，到埃及均被写在了纸上。在西蒙古，这种新的民间传说的资料反映出了蒙古传奇故事的主题，与当地的非蒙古人主要是突厥系各民族的主题的融合。历史学家们最为关心的是这些有关成吉思汗的著作的历史准确性或非准确性，不管是在17世纪的蒙古还是在其他什么地方。例如，成吉思汗作为一个穆斯林教徒身份的出现就不只是一个历史真实性的问题了。但成吉思汗崇拜的浸透及其被为数众多的草原民族所接受，本身就是欧亚文化史的一个主要事实。而这一事实应该被从地域上加以描绘，并使之与蒙古人、钦察人以及其他传播成吉思汗及其后继王朝兴衰的传奇故事的游牧民族的人口变迁相关联。在包括哈西木、喀山、克里木在内的金帐汗国的疆域内，有关成吉思汗的口传历史的保存与《蒙古秘史》有着惊人的不同，这种不同，提供了成吉思汗跨越从欧亚大陆一端到另一端的巨大人口带的超凡魅力的证据，此外，它也足以引起人们对13、14世纪金帐汗国成文的宫廷历史编纂缺失的思考。

——查尔斯·J·哈尔柏林

❀ 成吉思汗纪念表（HISTORY IN TIME）

成吉思汗纪念手表

2002 年，瑞士优利西纳丁 Ulysse Nardin 公司推出新款成吉思汗纪念手表，这是世界上第一快由 4 个活动人偶敲出 4 锤西敏寺钟乐三问时的陀飞轮腕表（成吉思汗威斯特敏斯特陶比伦旋转表）。

该表的一分钟陀飞轮所使用的夹板式样，依照 20 世纪初年彼拉顿的设计，为优利西纳丁的经典制作模式。基础机芯直径仅为 27.6mm，高度 8.5mm。报时间由 Mi—Do—Re—Sol 4 种不同音调为之。Sol 代表小时数，报刻则以三种不同的组合来进行，其中第三刻最为悦耳。在黑色玛瑙表面上，有 4 个手工雕刻的 K 金人偶。一位随军乐师（左），两名持弯刀正在格斗的士卒（中央），一位持戟的百户长。乐师随报"时"而弹奏，报"刻"时全部人偶都动起来。报分时，百户长的戟则刺入圆环中。

此表为黄金和铂金两款，全球 30 只限量版，价格为 40 万英镑。

—— 摘自《百度百科》

❀ 在美国华盛顿有一家成吉思汗酒楼

成吉思汗大酒店屹立在华盛顿市中心。

美国人对成吉思汗的推崇大大超出了我们的想象。当年，"华盛顿神话"作为一种政治理想登陆中国后，各色政治人物自然不

成吉思汗酒楼

会放过这一深具政治意义的"思想资源"。围绕中国特殊的文化传统和不同政治集团的现实需要，"华盛顿神话"与近代中国缠结互动，不断变幻传衍，一幕幕活剧令人深思慨叹。中国人曾把华盛顿比作尧舜狂热崇拜，而在美国推崇成吉思汗的程度不亚于对华盛顿的狂热崇拜。

在西雅图我们踏进了一个饭馆，主人知道我们是成吉思汗后裔，极为惊讶，主动为我们开车带路购物买票，难舍难离。在首都华盛顿，我们走进了一家"成吉思汗酒楼"，是台湾人开的，除一道菜（烤肉）、几幅蒙古画以外不见任何成吉思汗符号。但据老板介绍，开张以来生意很火。

—— 摘自《千年风云第一人——世界名人眼中的成吉思汗》

（蒙古国）巴图孟和画

✕ 中央电视台体育频道主持人呼吁：
中国足球要学蒙古马精神

中央电视台体育频道主持人韩乔生说：我的同事蔡猛是个出了名的马迷，蔡老师有句名言，叫"胯下无马，马上无人，人马合一"，用来形容骑马痴迷时在马背上的感觉，结果到我这儿经常给他个结论性的总结："没骑"。昨晚和蔡猛通话，谈到了亚洲杯足球，自然又谈到了马。

"你知道中国队现在需要一种什么精神吗？"蔡老师一副救世主的腔调儿。

"什么精神？"我赶紧撑大了耳朵。

"中国队需要的是一种蒙古马的精神。"

"什么？什么？蒙古马精神。"我不解地问。

"对呀！就是内蒙古大草原上的蒙古马呀。当年一代天骄成吉思汗何以征服欧亚大陆，靠的就是顽强的毅力和蒙古马的韧劲儿，还有吃苦耐劳的精神。"

——《法制晚报》2004年7月29日

NBA 明星詹姆斯

⊗ NBA 明星詹姆斯就像成长中的少年成吉思汗

他就像成长中的少年成吉思汗，完美体魄、天赋、领袖能力乍现，但初上战场则犯错难免、压力与阻力处处横亘。

——美国职篮联盟杂志 NBA 特刊

⊗ 意大利足球明星马里奥·巴洛特利的纹身是成吉思汗名言

足球明星马里奥·巴洛特利

经过漫长的等待，巴洛特利终于在这周与曼城对阵维冈的比赛中打进了自己本赛季英超的处子球，而巴神的庆祝方式也让人瞠目结舌。据《每日邮报》报道，巴神为了庆祝进球，竟然在身上纹上了成吉思汗的名言！从《每日邮报》提供的照片中可以看到，巴神挑选了成吉思汗的名句："我是上帝的惩罚，如果你没有犯下那么多罪孽，上帝不会派我以这样的惩罚来处置你。（I am the punishment of God, If you had not committed great sins, God would not have sent a punishment like me upon you。）《太阳报》则调侃说，"巴神已经无法满足于在球场上击败对手了，他现在要从成吉思汗那里寻找灵感。"（小新 原标题：巴神最新纹身 致敬成吉思汗）注：马里奥·巴洛特利（Mario Balotelli Barwuah, 1990 年 8 月 12 日）是一名意大利足球运动员，司职前锋，曾效力于意甲的国际米兰以及英超的曼城队。现效力于意甲 AC 米兰。2012 年欧洲杯 C 组卫冕冠军西班牙对阵意大利的比赛中，巴洛特利鬼使神差地错失单刀球机会被网友戏称为在球场上"思考人生"。

——晶报 2012 年 12 月 02 日

⊗ 成吉思汗火锅和铁板烧

古代有过铁板烧和涮羊肉，因为源于成吉思汗时代，所以称其为成吉思汗火锅和铁板烧。相传，它的来源有两种说法，一说是公元1204年成吉思汗率兵进军乃蛮部，途中围猎宿营时，看见士兵在篝火上燎肉吃，肉熏得焦黑。他灵机一动，将一个士兵的铁盔扣在篝火上，然后拔出腰刀割一片肉放在盔上，立刻烤成外焦里嫩的炙肉片，铁板烧从此诞生。另一说是成吉思汗征西夏时，让每个士兵带一皮囊熟羊肉，行军时用。由于天天吃冷羊肉，人们都吃腻了。一天宿营时，成吉思汗发现一个士兵正在用头盔在篝火架上烧水，他立即从皮囊中割下一块肉放在头盔里，翻了一个滚，捞出来就吃果然适口，从此火锅诞生了。在当时来说，只是解决吃熟肉和吃热肉的问题。后来在历史的长河中几经沧桑，成吉思汗火锅已经演化为现代的涮羊肉。现代的涮羊肉早已脱离了原始形态，已经成为高工艺的烹调技术。成吉思汗铁板烧西传欧洲，又传东亚，日本国有"成吉思汗铁板烧饭庄"，香港有"成吉思汗蒙古烧烤海鲜火锅饭庄"。遗憾的是在成吉思汗的故土这一技术却已失传。近年由于中外文化交流频繁，铁板烧工艺又重返家园，北京、沈阳、哈尔滨、深圳等地相继出现了传统的成吉思汗铁板烧食肴。

——摘自波·少布著《蒙古风情》，香港天马图书有限公司，2000年1月

⊗ 英国饭馆对成吉思汗后代免费用餐

如今，英国餐饮业竞争日益激烈，为了争取更多的食客，伦敦一家餐馆想出了个绝招。据美联社日前报道，该餐馆为食客提供免费DNA测试，凡被证实是中国元代开国皇帝成吉思汗后裔者，都可以免费享用一顿大餐。

这家名为"施伊势"（Shish）的餐馆主要经营烤肉串和蒙古式菜肴，所以他们开始打起了蒙古人的骄傲——成吉思汗的主意，最后终于想到了这个给成吉思汗后裔免费餐的法子。

"施伊势"（Shish）的餐馆

餐馆的老板雨果·马力克说："伦敦地区有许多蒙古人，他们在我们这里就餐时，经常说'我爷爷告诉我，我是成吉思汗的子孙'，这给了我灵感……这个创意很快会传开，像广告一样，能为我们吸引来更多的蒙古客人。"

此外，马力克还表示，他也有意用成吉思汗这块"金字招牌"吸引西方食客，因为成吉思汗和他的儿孙们都曾率兵攻打欧洲，将俄罗斯基辅、匈牙利和波兰等地区纳入蒙古版图，并将不少欧洲女子掠为妻妾，所以不少西方人身上也有着成吉思汗的血统，而餐馆的免费DNA测试势必会激起部分西方人的好奇心，让他们

来这里就餐的同时，验证自己的身世。

正如马力克预测的那样，这个创意果然让"施伊势"的生意大有起色。目前，"到施伊势测测自己是否与成吉思汗有血缘关系"几乎成了伦敦的"新时尚"，而这家餐馆的利润额也已经比去年同期翻了几番。

——据美联社 2004 年 7 月 6 日报道

⊗ 追踪成吉思汗的 Y 染色体后代，英国掀起 DNA 寻根热

Gengis Khan

国际在线消息：本月初，有媒体报道了"基因学家推断成吉思汗可能是英国人祖先"的消息。而近一个月来，对成吉思汗这位一代天骄的研究在英国越来越热。伦敦一家名为"羊肉串"饭店甚至别出心裁地推出了一项"DNA 寻找成吉思汗后人"的促销活动。他们为客人提供 DNA 测试，来确定哪些顾客有资格作为成吉思汗的后人享受一份免费美食。

DNA 测试激起部分西方人验证自己身世的好奇心。通常情况下，只要花上 180 英镑，"牛津祖先"公司的工作人员就会告诉客户他们的父系祖先是谁。目前，"测测自己是否与成吉思汗有血缘关系"几乎成了伦敦的"新时尚"。

目前，英国牛津大学遗传科学家赛克斯创立的"牛津祖先"公司，正为寻根的人们提供 DNA 测试。

他们相信，DNA 测试可以绘制出人类血统的清晰图谱。成吉思汗基因测试是进行父系祖先研究的一部分，它主要对男性的 Y 染色体模式进行统计，Y 染色体通过父亲传给儿子。从统计学的观点看，如果一个男性 Y 染色体的几个标志性位置，与来自成吉思汗的染色体一致，他可能就是成吉思汗的后代。

如果能找到成吉思汗的坟墓，就可直接将其染色体同现代人比较，或许能有更确凿的证据，但是他的墓穴位置目前仍是个谜。

——稿源：国际在线 2004-07-30

❧ 法媒：美国一项研究显示，温暖湿润的天气成就了成吉思汗的崛起

雕塑：少年成吉思汗（蒙古国肯特省）

参考消息网 3 月 12 日报道　外媒称，美国一项研究显示，800 年前蒙古中部一段时间的温暖湿润天气可能成就了成吉思汗的崛起。

据法新社 3 月 10 日报道，研究是基于对 11 个世纪以来树木年轮的分析，结果显示，成吉思汗在干旱时期夺取政权，并在少有的一段时期的好天气内在整个亚洲扩展了他的帝国。

《国家科学院学报》月刊上的研究报告说，在蒙古帝国建立前的 1180 年到 1190 年曾发生过几次严重的干旱。但在 1211 年到 1225 年蒙古帝国扩张期间，蒙古出现了罕见的持续降雨和温暖的天气。

据报道，研究作者之一、西弗吉尼亚大学年轮研究专家埃米·赫斯尔说："从极端干旱到极端湿润的转变有力地证明了气候在人类活动中起到了作用，这不是唯一的原因，但这肯定促成了一位伟大的领袖人物崭露头角、建立军队并发展实力。"

赫斯尔和另一位主要作者、哥伦比亚大学拉蒙特－多尔蒂地球观测站的年轮专家尼尔·佩德森，在蒙古研究森林野火时发现了一批罕见的树种，这也是最古老的样本。

哥伦比亚大学的一份声明说，这些多结节而矮小的西伯利亚松是从杭爱山脉一些古老火山岩缝隙中长出来的。

据报道，成吉思汗死于 1227 年，不过他的子孙曾统治了包括现代朝鲜半岛、中国、俄罗斯、欧洲东部、东南亚、印度和中东在内的大部分地区。

❀ 技术人才成就成吉思汗的战功

成吉思汗所以能创下震惊天下的奇迹，除了马上民族骁勇善战这一大优势外，还要归功于他在各类技术人才基础上创建的特种部队——"工匠队"。

成吉思汗旗下究竟网罗了多少工匠艺人，目前尚无确切的数据可考，仅从玉龙杰赤和撒麻尔罕两城，他就得到工匠 13 万余人。

因受大草原地域条件所限，成吉思汗手下最缺的就是能够制造并掌握新式武器的人才。于是，他就到处搜罗工匠，分门别类地收编到自己的队伍中，组建成一支特种部队——"工匠兵"，创建了当时世界一流的新型军队。在这支精干的队伍中，除了骑兵外，还有工兵、弩兵、炮兵、水兵、通信兵等，甚至还有医师、卜师以及翻译各种语言的通事。再配置以抛石机、大弩炮以及火油桶（相当于火焰喷射器）等杀伤力强的武器装备，灵活采取水灌、火攻、挖地道相结合的作战方式，使蒙古军如虎添翼，所向披靡。

成吉思汗曾问征伐有功的唵木海："攻城略地，兵仗何先？"唵木海回答说："攻城以炮石为先，力重而能及远故也。"成吉思汗听后非常高兴，即任命唵木海为炮手。1214 年，木华黎伐金，成吉思汗对他说："唵木海言，攻城用炮之策甚善，汝能任之，何城不破。"于是，成吉思汗又任命唵木海为随路炮手达鲁花赤，即炮兵司令，"唵木海选五百余人教习，之后定诸国，多赖其力"。从此，蒙古军开始成建制地装备和使用火炮，建立起古代军事史上第一支炮兵部队。（王贵）

——《光明日报》2015 年 12 月 15 日

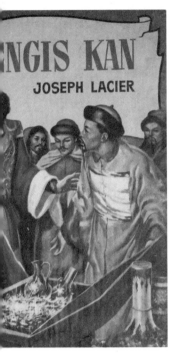

图来自（美国）JOSEPH LACIER 著《成吉思汗》

❀ 英国历史教学改革，
将成吉思汗编进新版教科书

成吉思汗将成为英国明年开始推出的"A-level"历史科目的教学主题之一。

中新网 5 月 20 日电 据英国媒体 19 日报道，英国从明年开始推出的中学 A-level 历史科目的教学主题将会发生变化，中国近现代史将列入新的教学主题之内，另外，成吉思汗也将进入教科书。

历史是英国第五受欢迎的"A-level"课程，这个改革举动是为了给历史教程赋予更多的深度。

经济学奠基人亚当斯密说：鞑靼人（蒙古人）早已明白货币的用途，他们往往以牛羊的丰歉来判断财富的多少

亚当斯密：
英国人、经济学奠基人

之前，法兰西国王，特遣僧徒庇亚诺·加宾诺，去见有名的成吉思汗的一位王子。据这位大使说，鞑靼人所常常问到的，只是法国的牛羊丰歉吗？他们这种问题，和西班牙人的问题，有同样的目的。他们要知道那里的财富，是否够得上他们去征服。鞑靼人及一切畜牧民族，都知道货币的用处；在他们中间，畜牧便是通商的媒介，便是价值的尺度。

所以，在他们看来，财富是由家畜构成，正如在西班牙人看来，财富是由金银构成。在这两种看法中，恐怕还要以鞑靼人的看法，最接近于真理。

——摘自亚当斯密《国富论》第一章"商业主义或重商主义的原理"

世界商场战神无不推崇成吉思汗

据了解，世界商界战神以极大的热情关注和研究成吉思汗。人类的 20 世纪，军事行为渐渐被商业行为代替，商人阶层成为新时代的"征服者"。2011 年由南方出版社出版的《创业男成吉思汗》中写道："从工业时代世界首富洛克菲勒，到信息时代财富榜比尔·盖茨及拉里·埃里森，从亚洲商界巨子'糖王'郭鹤年，到中国新一代企业家——华为总裁任正非、金蝶老板徐少春、蒙牛创始人牛根生、国美创始人黄光裕，都被称作'成吉思汗'。'IT 产品代工之王'郭台铭曾对他在内蒙古期间探访到的成吉思汗成功秘密如获至宝，并长年戴着从成吉思汗庙里得到的一串念珠，以期获得成吉思汗的灵力。世界首富（2007 年）拉里·埃里森（甲骨文公司 CEO）、比尔·盖茨对成吉思汗均盛情激赞。20 世纪 50 年代经典影片《公民凯恩》中的美国媒体大亨凯恩被誉为'报界忽必烈'，体现了美国商界的成吉思汗旋风。"

全球首富墨西哥电信大老板卡洛斯·斯利姆，是成吉思汗的崇拜者。默多克，50 年时间把新闻集团缔造成了一个庞大的传媒帝国。有人说他缔造的这个传媒帝国比亚历山大大帝或中国的成吉思汗所征服的疆域都要辽阔得多。

金蝶徐少春更是指出："在全球化的今天，中国企业家要像成吉思汗一样，才能决胜未来。"

富士康集团总裁郭台铭，曾经四次蝉联《福布斯》杂志"台湾科技首富"的奇人。台湾

（蒙古国）扎雅图画

《天下》杂志创办人殷允致词时称赞，郭台铭是华人电子业的"成吉思汗"。成吉思汗奠定了横跨欧亚的蒙古国的基础。乔布斯作为商业史的巅峰、技术史上的领袖，成就了覆盖全球的苹果帝国。有关媒体评乔布斯去世对中国的意义时说：乔布斯在IT界的成就，堪比成吉思汗。美国《商业周刊》称：任正非是新时代的成吉思汗！他是华为集团总裁，2013年他带领员工，创造了349亿美元的营收，一跃成为全球通信产业龙头。文章说：鸿海集团总裁郭台铭被誉为台湾的成吉思汗；而在中国大陆，享有这样声誉，带着队伍征服世界的，非任正非莫属。

⊗（美国）甲骨文公司 CEO 拉里·埃里森眼中的成吉思汗

世界首富拉里·埃里森（甲骨文公司 CEO）说：只有别人都失败才是真正的成功。他（成吉思汗）是蒙古文盲，但绝对是位杰出的将军。（摘自《成吉思汗》，（法）勒内·格鲁塞著，陕西师范大学出版社 2009 年）

注：拉里·埃里森（Larry Ellison 1944 年 8 月 17 日出生于美国纽约布朗克斯），俄罗斯移民的美国犹太人后裔，世界上最大的软件企业甲骨文公司（Oracle）的创始人和 CEO。《福布斯》杂志今天公布了 2007 年美国 500 强企业 CEO 薪酬排行榜，甲骨文 CEO 埃里森以 193 亿美元的总薪酬占据榜首。2011 年他的个人净资产为 395 亿美元，排名世界第 5 位。

甲骨文公司 CEO 拉里·埃里森

⊗ 世界首富比尔·盖茨盛赞成吉思汗

世界首富比尔·盖茨是否研究过成吉思汗不清楚，不过 2009 年陕西师范大学出版社出版的《成吉思汗》（勒内·格鲁塞著，谭发瑜译）的介绍中说，毛泽东、麦克阿瑟、比尔·盖茨等人都对成吉思汗盛情激赞。有趣的是有人专门对比尔·盖茨和成吉思汗做了对照研究。戴尔·法利斯在《图书馆》上（2000 年 6 月 15 日）撰文，介绍了从成吉思汗到比尔·盖茨各个时代的最富有者，并在比较研究中总结出这些人为何富有的成功模式。作者认为，世界首富比尔·盖茨与世界征服者成吉思汗一样，是世界历史上最伟大的成功者。他们之所以获得如此成功，是因为首先严格遵循了时代的经济和科学发展的规律；其次，靠个人的奋斗精神、创造天才和无比的自信；同时抓住了机遇。20 世纪 50 年代经典影片《公民凯恩》中的美国媒体大亨凯恩被誉为"报界忽必烈"，体现了美国商界的成吉思汗旋风。

在博鳌亚洲论坛上蒙牛总裁杨文俊向比尔·盖茨赠送一幅成吉思汗画像。上面是曾经征服世界的成吉思汗，微软用 IT 技术征服了世界，蒙牛希望依靠优质的牛奶征服全球消费者的心。从杨文俊手中接过这份特别的礼物，比尔·盖茨的脸上露出了招牌式的大孩子般开心的笑容。

❀ 世界首富（墨西哥）
卡洛斯·斯利姆·埃卢是成吉思汗的崇拜者

2011 年的世界首富是墨西哥人卡洛斯·斯利姆·埃卢，他对成吉思汗产生了极大的兴趣。2011 年 3 月上海《星尚画报》报道：全球首富卡洛斯·斯利姆·埃卢（2011）登顶最新福布斯财富榜，他是成吉思汗的粉丝，他征服世界不需要电脑。卡洛斯·斯利姆·埃卢是墨西哥电信大老板， 2011 年他于 71 岁时以 740 亿美元（美国比尔·盖茨 560 亿美元）荣登世界首富的宝座。斯利姆说，他最喜欢历史，看过成吉思汗和许多军事战略书。

（记者龚含灵专访"卡洛斯·斯利姆·埃卢——理想的社会能各享所需"）

卡洛斯·斯利姆·埃卢

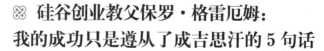

❀（日本）企业家稻叶清右卫门师法成吉思汗

日本著名的自动化设备厂家——FANUC 社长稻叶清右卫门，师法成吉思汗言行，颇为有名；中国奇美塑胶董事长许文龙，过去在 ABS 这项塑胶材料的投资生产上，有霹雳万钧之势，一般也认为很有成吉思汗的精神。

——《一代天骄：成吉思汗》（朱耀廷著，台湾远流出版公司，1993）的推荐人廖庆洲在评语中说：事实上，成吉思汗的传记历来不衰，随读者的身份而有不同的取材角度。例如企业界经营者醉心他的扩张版图策略，希望自己的干部也能发挥一骑当千、锐不可当的威力。

企业家稻叶清右卫门

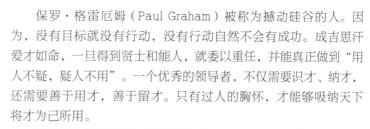

❀ 硅谷创业教父保罗·格雷厄姆：
我的成功只是遵从了成吉思汗的 5 句话

保罗·格雷厄姆（Paul Graham）被称为撼动硅谷的人。因为，没有目标就没有行动，没有行动自然不会有成功。成吉思汗爱才如命，一旦得到贤士和能人，就委以重任，并能真正做到"用人不疑，疑人不用"。一个优秀的领导者，不仅需要识才、纳才，还需要善于用才，善于留才。只有过人的胸怀，才能够吸纳天下将才为己所用。

硅谷创业教父保罗·格雷厄姆（Paul Graham）说：我的成功只是遵从了成吉思汗的 5 句话。这 5 句话是：一、要让青草覆盖的地方都成为我的牧马之地；二、培养贤人和能人，让他们衷心于我；三、战胜了敌人，我们共同分配获得的财物；四、没有铁的纪律，战车就开不远；五、你的心胸有多宽广，你的战马就能驰骋多远。

——世界青年创业论坛，2015 年 08 月 04 日

✉ 美国《商业周刊》：
任正非是新时代的成吉思汗

任正非在短短 26 个年头里，创造了全球企业都未曾有的历史。

他走得最远！如果没有华为，西伯利亚的居民就收不到信号，非洲乞力马扎罗火山的登山客无法找人求救，就连你到巴黎、伦敦、悉尼等地，一下飞机接通的信号，背后都是华为的基站在提供服务。8 千米以上喜马拉雅山的珠峰，零下 40℃的北极、南极以及穷苦的非洲大地，都能见到华为的足迹。

鸿海集团总裁郭台铭被誉为台湾的成吉思汗；而在中国大陆，享有这样声誉，带着部队征服全世界的，非任正非莫属。

（2015 年 3 月 18 日）

任正非

成吉思汗是全球化总裁
具有当今公司总裁的
许多管理才能

乌恩琪作

成吉思汗具有当今公司总裁的许多管理才能。领导力大师约翰科特认为，一个好的领导者具备以下素质：领导者不是制订计划，而是确定方向；领导者不是组织与配备人员，而是让员工协调一致；领导者不是解决问题与控制，而是激励员工。假如放在今天，以下几点也是成吉思汗成为好总裁的必备条件：

1、具有超凡远见。"天地不尽两重，道路不尽九条；只要敢取，日月都可摘在手里。"这是成吉思汗的雄心壮志。

2、用人唯才，讨厌办公室政治。成吉思汗出身贫苦，童年生活艰辛。只要手下表现出色，无论出身贵贱，他均会论功行赏，而不会让他的亲朋好友滥竽充数。成吉思汗也不爱听蜚短流长，决不允许有人在背后搞阴谋诡计。

3、利润共享的激励计划。在 13 世纪，对成吉思汗的军队来说，抢掠被征服民族的财物，甚至俘获活人，是他们收入的主要来源。成吉思汗很认真地确保士兵能够得到应有的份额，这令手下拥戴他，甘心情愿跟随他南征北战。事实上，仔细研究一下成吉思汗，他还拥有现在的公司总裁所不具备的素质，比如，他具有的超人创新力、强悍的执行力以及研究竞争对手的运筹帷幄。

成吉思汗最富成效的变革，就在于蒙古军使用了变革的东方战术。蒙古军队作战时，讲究机动性和战术的灵活性。在战术的运用上，蒙古军团特别强调的就是部队的机动性，以远距离的包抄迂回、分进合击为主要战术特征。他们在战斗中亦很少依赖单纯的正面冲击，通常使用的方法是，一小部分骑兵不停地骚扰敌军，受攻击后后撤，待追击的敌军队形散乱疲惫时，早已四面包抄的骑兵则在一阵密集的弓箭射击后蜂拥而来。

这一战术非常类似管理大师彼得杜拉克的孤注一掷策略。"孤注一掷"（Fustest with the Mostest）是美国内战时期南部联军连连取胜常用的战略。采用这种战略，企业家的目标是领导权，或是占领新市场，或新产业。杜拉克认为，"孤注一掷"的战略必须击中目的，否则所有努力就会付之东流。 放在今天，成吉思汗会是一个好总裁，也许会是一个全球化总裁。（文／金错刀）

——来自《全球商业经典》

像成吉思汗那样国际化

中国企业国际化如火如荼。成吉思汗在国际化方面取得的成绩，足以值得后人认真参悟，他在跨文化融合与全球资源整合方面的功夫，毫不逊色于最优秀的跨国公司。成吉思汗成功国际化的密码究竟是什么？

开放的价值观：面对来自不同国家、不同民族的人群，如何实现文化融合是首当其冲的挑战。成吉思汗很早就注重族群的融合，他告诫自己的后代：借助战术和兵力可以打败军队，但要征服一个国家只有靠赢得民心。他甚至放弃了以部落名称来称呼自己的部众，而以"毡墙民"（即住在蒙古包里的人）取而代之。针对不同民族信仰的多样性，成吉思汗制定的法律宣称人人都有完全的宗教信仰自由。

绩效导向的"企业文化"：成吉思汗摒弃了传统部落中以血缘为基础的用人传统，代之以个人价值、忠诚与功绩为基础的体制。事业起步之初，他就根据个人能力和忠诚度，而非血统关系来选拔人才。这种绩效和能力导向的文化定位，对中国企业国际化过程中的文化演变非常有借鉴价值。

草原の移動式宮殿
ハーンの大天幕

蒙古帝国时期草原移动式宫殿　图来自日本成吉思汗与元朝的建立

以人为本的理念：成吉思汗制定了一部世界性法律，并坚持统治者与最底层的人，一样要接受法律约束。成吉思汗对人才的尊重，还体现在他把减少士兵的伤亡作为军队最重要规则，从不要求士兵为他而死。正是由于其以人为本的理念，在他60年的生涯中，没有一位得力干将抛弃他。此外，成吉思汗还坚持公平的文化，要求战利品分配必须惠及阵亡士兵的遗孀和孤儿，充满了人性关怀。

全球资源整合：成吉思汗非常注重整合全球资源，来提升自己的竞争力。成吉思汗延揽的最重要人才，当数来自契丹族的耶律楚材，他先任成吉思汗的顾问，后被成吉思汗之子窝阔台授予中书令（宰相）之职。成吉思汗每到一处，都要询问被带到跟前的人有何特长并因材施用。忽必烈也引进了大量国际人才来帮助他进行行政管理，包括著名的历史人物马可·波罗。他的行政班子中有各类人种，包括亚美尼亚人、契丹人、阿拉伯人、欧洲人、突厥人等。

学习与忘却：成吉思汗能从每次战斗中进行总结和改进，仔细地从俘虏中挑选工匠，并将全新的思维与多变的军事战术结合起来。例如，蒙古人试验成功了作为现代迫击炮之先驱的会爆炸的武器，创立了全球性的武

古代画 蒙古战士

器库。蒙古军队战无不胜的原因之一，是他们每通过一次战役，在作战器械复杂性和效能方面均会得到提高。中国企业过去的成长主要依赖的是"资源优势"，而参与国际竞争必须努力打造"组织优势"，要实现这一转变，唯有不断"学习"新的能力、并"忘却"那些不适应国际化要求的传统和习惯，像韩国三星那样"除了老婆孩子，一切都要变"。

出色的本地化：成吉思汗未能完成统一中国的心愿，而是由他军事才干并不出色的孙子忽必烈实现了这一突破。忽必烈能超越他祖父的成就，非常关键的一点是对本地化的重视：为赢得汉人认同，忽必烈不仅建造了汉式的都城，还给自己取了个汉名；他采取了一系列措施把自己的形象汉化，下令为自己的祖先修建宗庙并按传统中国礼仪祭祀祖先，并为祖先树立传统中国式的碑铭。忽必烈的做法与率先提出"全球性本地化"的索尼创始人盛田昭夫有异曲同工之妙。盛田昭夫认为，要进入一个市场就必须了解当地的人、文化和价值观。

以开放的价值观实现跨文化融合，建立以绩效和能力为导向的企业文化，真正做到以人为本，有效整合全球资源并持续学习和创新，这些元素帮助成吉思汗在国际化方面取得了前无古人、后无来者的辉煌。其孙子忽必烈的实践则为"思维全球化、行动本地化"做出了最好的诠释。打造一个跨国公司绝非仅仅意味着在世界各地设立分支机构那么简单，国际化也不是简单地把国内环境下的优势扩展到境外即可，相反，它要求企业学会建立和发展新的、不同的组织能力。如果中国企业家们能像成吉思汗那样，以开放心态拥抱国际化并致力于发展相应的管理能力，其全球化之路必将更为通畅。（商亦有道 刘胜军 2006-08-07）

——21世纪经济报道

企业界的成功者
往往把自己比作成吉思汗

❀ 牛根生——
民间称他为中国当代乳制品业的"成吉思汗"

牛根生

（2007年10月31日）谈到牛根生，民间说他就是中国当代乳制品业的"成吉思汗"。成吉思汗统领蒙古大军驰骋疆场，何等威风豪壮。而牛根生，一个同样的草原之子，带领蒙牛人一路披荆斩棘，创出了一条振兴内蒙古经济，变革消费理念，壮大牛奶产业的辉煌之路，从而赢得了民心。所以，民间称他是中国当代乳制品业的"成吉思汗"。

❀ 有人称富士康集团总裁郭台铭
为华人电子业的成吉思汗

郭台铭

给乔布斯代工的大名鼎鼎的鸿海集团总裁郭台铭，更是亲自探访内蒙古，寻找成吉思汗的成功秘籍，并长期携带从成吉思汗庙里得到的一串念珠，以期获得成吉思汗的灵力。

（"成吉思汗：'天下无男'的管理学遗产"）

❀ "糖王"郭鹤年的成吉思汗梦想

郭鹤年

郭鹤年说："如果你要和别人做生意，必须站在前线领导，而不是坐在数百里外的营帐。我相信成吉思汗在巅峰时期，也是和士兵在前线分享胜利成果的。"

✂ 乔布斯在电子业的成就，堪比成吉思汗

乔布斯

有报道说：作为世界史上杰出的政治家、军事家，成吉思汗奠定了创建横跨欧亚的大蒙古帝国的基础。乔布斯作为商业史的巅峰、技术史上的领袖，成就了覆盖全球的苹果帝国。苹果公司的市值，后来居上，超越微软、谷歌、IBM等企业，一度坐上了全球第一的宝座。功业辉煌，无人能及。乔布斯的价值，不仅仅是亲手打造了"苹果帝国"，书写了IT业的新时代，同时，还引领着这个世界的未来。这一点，对中国尤其有启发意义。

✂ 金蝶国际软件集团有限公司总裁徐少春认为，中国企业家要像成吉思汗一样，才能决胜未来

徐少春

他说，软件业只有偏执狂才能生存，最重要的制约是中国人骨子里的"中庸"气质。

软件行业需要扩张，全球著名软件公司的CEO都是很疯狂，"只有偏执狂才能生存"。在全球化的今天，中国企业家要像成吉思汗一样，才能决胜未来。

——以上摘自《广州日报》2004年4月14日

✂ 默多克媒体帝国比作成吉思汗传奇

鲁珀特·默多克是一个传奇，他的新闻集团也是一个传奇。50年时间，默多克把新闻集团缔造成了一个庞大的传媒帝国。有人说他一生都在亵渎新闻，而他正是靠这样成就了他的帝国；有人拿他与法国的拿破仑相提并论，将他誉为现代企业界的拿破仑；有人说他缔造的这个传媒帝国比亚历山大大帝或中国的成吉思汗所征服的疆域都要辽阔得多。

现年84岁的默多克将减轻职责，由两个儿子携手运营21世纪福克斯公司。

鲁珀特·默多克和他的两个儿子

企业界的成功者总是把自己比作成吉思汗

澳大利亚传媒大亨克里·帕克

✖ 澳洲首富把成吉思汗当作偶像

2009 年 12 月 27 日，澳大利亚各大媒体把头条的位置都让给了该国传媒大亨克里·帕克——他当日在悉尼家中去世，享年 68 岁。按照美国《福布斯》杂志的全球富豪榜排名，帕克拥有 51 亿美元资产，为澳洲首富，在全球排第 94 位。他旗下的 "第九电视网" 是澳大利亚收视率最高的电视台；设在墨尔本的 "王冠" 赌场则是澳洲第一大赌场。

澳大利亚另一位媒体大亨、"新闻公司" 的老板默多克给帕克这样的评价，"我的终生朋友，同时也是一位强硬的竞争者。他是我们这一代最成功的商人。" 澳大利亚总理霍华德也评价帕克 "是一位伟大的澳大利亚人，在许多方面给澳大利亚社会留下了深刻的烙印"。

不少人怀念帕克的慷慨。为他捐过肾脏的尼克·罗斯说："克里·帕克是个传奇人物。有人认为他是个魔鬼，其实他是个非常善良的人。" 遇到有人生病或欠债，他会慷慨相助；他还给澳大利亚的医院和医疗研究机构捐了很多钱。但帕克极具竞争性的性格又让他几乎没什么铁哥们儿。帕克对此并不介意，还常说成吉思汗是自己的偶像："我读过许多关于成吉思汗的书。他不是一个受人爱戴的人，却成就了千秋伟业。

（世界新闻报特约记者 乔夫）

哈剌和林 若希画

大蒙古国的首都：兼收并蓄各种文化的世界性都会

　　征服一个帝国很难，统治一个帝国更难。由于男人一直忙于战争，这项任务主要是由统治着丝绸之路沿线各王国的蒙古女人完成的。作为蒙古人中老资格的女王和大蒙古国最大部分的统治者，阿剌海（成吉思汗的女儿）主持建立了一个政府。要做到这一点，首先要求她学会阅读和写字。她在哪里学的，怎么学的，我们不得而知。一个由中国南方宋朝宫廷派出的特使汇编了他访问蒙古的广泛报道，他写道，阿剌海不仅具有初级文化程度，她每天还要花很多时间阅读。他甚至具体说明她很喜欢宗教经文，但他没有说明是哪种宗教。据宋朝特使报道，她对药有特别研究。她还在她统治的地区建立了医疗设施。

从对她首都遗址的考古调查中我们得知，她的城市中有基督教、伊斯兰教和佛教建筑，可能也有儒教和道教的机构和神职人员。这么多不同的宗教和语言共存于一个小城市，说明了这是一个各种文化兼收并蓄的世界性都会，而这正是大蒙古国的显著标志。蒙古人没有统一的宗教，也没有试图把自己的宗教强加给他们的臣民，相反，他们鼓励所有宗教蓬勃发展。蒙古人，比如阿剌海，往往从不同的宗教思想、物件和习惯中挑选最适合他们个人口味的，正如他们选择最合乎他们口味的当地食物一样。这种满足个人偏好的权利，不仅女王独有，也是每一个蒙古人都享有的。

阿剌海别吉塑造了一个强大的蒙古国际主义模式。作为她的家庭和国家第一个统治定居文明的成员，她发明的文化和组织模式成为大蒙古国的模式。她的首都的模式，后来被窝阔台汗建在蒙古的首都哈剌和林所仿效，然后被忽必烈汗建在内蒙古的上都（在西方一般称作世外桃源）所仿效，最后这种模式也应用在了忽必烈汗的首都汗八里，中国人称之为大都，即后来的北京。

成吉思汗把漠南新征服的土地交给了他的女儿阿剌海别吉控制，并赐给她监国公主的头衔。她的权力扩大了，原来只统治位于今内蒙古只有一万余成员的汪古部，而现在她将统治中国北方地区数千万人民。

——来自《凤凰网历史》（2012 年 03 月 31 日），原载《最后的蒙古女王》，（美）杰克·威泽弗德著，重庆出版社

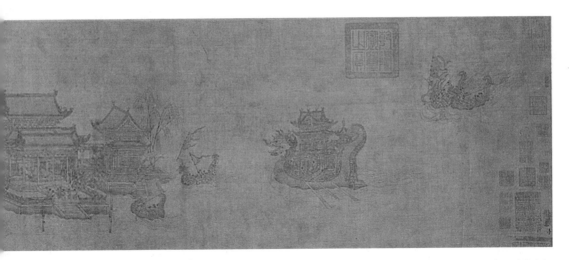

大明宫图（局部）

美国纽约大都会艺术博物馆发现稀世珍宝——元大都《大明宫图》

元世祖忽必烈继位不久，即把燕京（中都）改为大都，定为都城，成为政治、经济、文化中心。大明宫图是元代最负盛名的画家王振鹏的作品，全称为《元王孤云大明宫图》，绘于皇庆元年（1312年）。原画宽31.1cm，长668.3cm，卷首有"王孤云大明宫图"和题款"皇庆元年岁在王孤云处士"王振鹏（章）。元大都设计周密，布局完整，充分利用了原有条件和地理特点。全城规划整齐，城廓方正，街道宽广。中心阁是全城的中心，其西有鼓楼、钟楼，商业区主要集中在这里，形成前朝后市。是一幅全面描绘蒙元帝国元大都皇宫的长卷浓缩图，可与《清明上河图》《元人秋猎图》媲美，成为当时世界上重要的大都会。

画中整个建筑规模宏伟、气势磅礴、大气华贵，体现了蒙古民族崇尚长生天、热爱大自然的精神，反映了蒙古帝国的太平盛世。建筑装饰更具有蒙古民族艺术特点，其大明殿的造型和建筑风格基本与历史记载吻合，反映出了大明殿的实际情况。画中核心宫殿上均有速勒迭（苏勒德），非常珍贵。该图原为宫中藏物，后流落民间，由美国大收藏家顾洛阜先生收藏，晚年捐献给了美国纽约大都会艺术博物馆。（却拉布吉教授提供）

❀ 元大都是古代联合国总部

　　元大都奠定了近代北京城的雏形，从 1267 年开始修建，直到 1285 年才告完工，历时 18 年。元大都经过周密的设计，规划整齐，街道宽广，布局完整，中心阁是全城的中心。元大都全城内主要水道有两条，一条是由高粱河、海子、通惠河构成的漕运系统；一条是由金水河、太液池构成的宫苑用水系统。居民主要用井水。城内有完整的排水设置。是中国古代都城规划建筑的一件杰作。明、清北京城就是在元大都基础上改建和扩建的。

　　至今留存的元大都建筑有白塔寺、白云观、国子监、孔庙、建国门司天台等。元大都的建成，是城市建设史上的里程碑，也是 13 至 14 世纪世界上最宏伟壮丽的城市之一。其严整的规划布局，建筑技术、艺术水平都是当时世界上罕见的。

　　1271 年 11 月，忽必烈根据《易经》"乾元"的意思，正式建国号为大元，并颁布《建国号诏》。至元九年（1272）二月，忽必烈改中都燕京为大都，正式定为元朝首都，它不仅是元朝的政治中心，还是世界的商业大都市。来自亚洲、东欧、非洲的商队和使节，络绎不绝。从长江流域经过大运河和海运的船只，可驶入城内积水潭停泊。意大利人马可·波罗在元世祖时来到中国，居住了十几年。他在记叙东方见闻的《马可·波罗行纪》一书中，描述了大都等中国城市的繁华景象说："外国巨贾典物及百物之输入此城者，世界诸城无能与比。" 元大都是当时世界的政治、经济、文化中心，成为古代联合国总部。

—《广州日报》2000 年 1 月 1 日

中国元上都遗址申遗成功

《元上都》 若希绘制

中国元上都遗址申遗成功

　　新华网圣彼得堡2012年6月29日电（记者 鲁金博）在俄罗斯圣彼得堡进行的第36届世界遗产委员会会议29日讨论并通过了将中国元上都遗址列入《世界遗产名录》。

　　在当天的会议上，经过半个多小时的项目介绍、展示和讨论后，经过投票，大会一致通过了元上都遗址进入《世界遗产名录》。各国代表纷纷走到中国代表团席位前向中国代表表示祝贺。至此，我国的世界文化遗产数量达到30项，世界遗产总数达到42项。

　　率团参加申遗的中国国家文物局副局长童明康介绍说，元上都遗址成功列入《世界遗产名录》，一方面是由于该遗址本身所具有的世界范围普遍价值、良好的真实性和完整性，另一方面由于当地政府、民众为保护这处重要遗址付出了巨大努力。

　　元上都遗址位于蒙古高原东南边缘，内蒙古自治区锡林郭勒盟境内。公元1256年忽必烈汗在此建开平府，1263年升格为上都，曾作为元朝第一个都城和夏都。元上都遗址是目前我国面积最大的单体世界文化遗产，涵盖了遗址本体及其周边敖包群和保留至今的蒙古族"敖包祭祀"等传统人文景观。

成吉思汗青铜雕像
"空降"伦敦最繁华大街

　　新华网伦敦4月14日电（记者 白旭）由俄罗斯艺术家达希·纳姆达科夫创作的一尊成吉思汗青铜雕像14日在伦敦市中心揭幕。

　　这尊铜像高5米，重2714公斤，耗时两年完成，表现的是成吉思汗骑在马背上，从天而降。铜像被安放在伦敦最繁华的牛津街西端大理石拱门旁边，毗邻著名的海德公园，展示时间为半年。

　　英国伦敦哈尔西恩画廊主席保罗·格林在接受新华社记者采访时说："伦敦是一个国际大都市，这个游牧民族领袖的雕像将会引起人们对东方文化的关注和讨论。"

　　雕像的作者达希·纳姆达科夫1967年生于中俄边境的一个村庄，是俄罗斯艺术家联盟会员和俄罗斯艺术科学院银质奖获得者，被誉为"原始艺术的先驱"。他的作品曾在莫斯科、纽约和中国广州等地展出。

　　纳姆达科夫非常喜欢通过作品表现历史与神话题材。他的个人艺术作品展将于今年5月5日至7月7日在哈尔西恩画廊举行。

——新华网 2012-04-17

国内首次发现成吉思汗摩崖

据悉，对蒙元时期蒙古宗王、汉地世侯与全真教的关系，迄今为止中外学术界无论是蒙元史界，还是道教研究界，对此做系统研究的人较少，这主要是因为材料很少，正史中很少看到，只有在有关全真教碑刻、元人文集中才能找到一些片断。所以一旦有新发现的摩崖碑刻内容涉及相关主题，那么对于研究三者关系无疑有极为重要的价值。

《复兴葛氏岩炼神庵记》摩崖高2.16米，通长约5米，共分四方，分别系蒙古国时期的炼神庵记及牒文。其内容不仅历代金石专书从无著录，即使搜求徂徕山古迹详备的《泰山道里记》《岱览》《泰山志》等地方志乘也没有记载，足以证明这是一次全新的发现。

特别值得一提的是刻石庵中的蒙廷颁予的牒文，该牒除了记述朝廷赐予丁志年紫服和光大师之号之外，还节录了8件成吉思汗等蒙古皇帝圣旨、后妃懿旨、太子令旨。经查对蒙古史录，这些诏旨绝大部分不见于史籍著录；如所录成吉思汗当年颁给丘处机的诏旨"丘神仙门下出家师德名号"，在元史中消失已久，现存各种蒙廷诏旨均无此段文字，属于国内第一次发现，意义非凡。而窝阔台的孛罗真皇后、唆鲁古唐妃懿旨，昔列门、和皙两太子令旨，也是第一次发现。成吉思汗之子窝阔台的皇后和两位太子都在这则牒文里得到身份的证实。摩崖旨文的发现，对考察蒙古汗廷与全真道的关系，了解蒙古朝廷内的运作情况，提供了诸多珍秘史料。

泰山研究学者周郢认为，摩崖所记史实，对了解800年前蒙古国时期全真教在泰山的传播情况，以及与地方世侯及蒙古汗廷的关系，都有重大价值，丁志年所修徂徕山炼神庵为泰山以南的一处全真教传播中心，摩崖刻文可复原泰山全真史的历史真相。

蒙元史大家蔡美彪先生获知这一发现后，特致函周郢称："蒙古初期文献传世无多，泰山摩崖文字记事，实为重要发现，于译名、年代多可补正文献之不足。"相信随着对徂徕摩崖的深入解读，诸多800年前的汗廷内幕与全真教秘史将逐渐揭开。

——齐鲁晚报 2012-02-07

世界各国画家笔下的成吉思汗

我们想象您的尊容

——世界 40 多个国家画家笔下的成吉思汗形象

　　这是来自世界 40 多个国家约 200 位画家描绘的精彩绝伦、千姿百态、形象各异的成吉思汗画像。这些图片艺术表现形式独特、新颖而多元，通过绘画语言深刻反映了不同文化背景下各国画家的认知态度和艺术语言。可以说每幅作品均是珍贵而罕见的艺术品。尽管时代不同、风格不同，但件件主题鲜明，反映了世界的认知态度，内容丰富多彩，其背后蕴涵着很多传奇而生动的故事，具有很强的视觉冲击力。

《历史上的著名战争》匈牙利格拉夫—阿特（Graph Art）出版

蒙古人点燃了
欧洲文艺复兴的圣火

从某种程度上说，正是蒙古人的征服，首先点燃了欧洲文艺复兴的圣火。

与以往游牧民族对农耕文明的冲击不同，蒙古帝国不是采取民族大迁徙式的征服，而是以蒙古高原为基地向外扩展疆土。因而，蒙古统治者十分重视梳理、连接被征服地区的通道，以确立行之有效的统治。在此之前，中国、波斯、欧洲之间的交流是少量、偶然、缓慢的。而蒙古人却以游牧的军队和开放的思想意识，打破了距离和国界、封闭的城墙和堡垒。

横越欧亚大陆的道路，第一次由一个政权所控制，长途旅行变得安全可靠。在中断了1000年之后，欧洲人又能踏入中东和东亚。由此，东西方贸易呈现了前所未有的繁荣。

蒙古人自己没有什么生产技术，但是却将所有被征服地区的文明和技术综合在一起，产生了更大的效益。在他们的推动下，中国有了德国的矿工、俄罗斯的士兵、法国的工匠、波斯的胡萝卜和柠檬；波斯有了中国的工程师、水稻和以按指印为凭证的习惯；而欧洲拥有了中国的面条、纸牌和茶叶。

宗教和统治者的地位被彻底动摇，人文主义随之觉醒。正是这一时期，薄伽丘创作了欧洲人文主义文学的第一部代表作——《十日谈》。在意大利小城帕多瓦的教堂中，文艺复兴的先驱们第一次将人类的情感，转移在宗教壁画中。而基督的圣袍上点缀的，正是蒙古人创造的"八思巴文"。

因此，有学者断言：欧洲首先是在"复兴"蒙古和由蒙古人带来的中国艺术，然后才是欧洲本身的古希腊和古罗马的艺术。而所谓"资产阶级萌芽"推动的文艺复兴，更是在这之后的事情了。更重要的是，欧洲文艺复兴离不开印刷术、指南针，尤其是火药的传播。而这一切，无疑都仰仗横扫天下的蒙古铁骑！

——本文节选自畅销书《走向海洋》，作者 刘军卫

成吉思汗已成为美国名人
普遍关注的焦点人物

美国历届总统在内的高层领导人对成吉思汗的赞赏有加，推崇备至，均不同程度地探究过成吉思汗。20世纪初（1908年），著名的蒙古学家柯廷（J.Curtin）出版了两部书，一部为《蒙古人的历史》，另一部为《蒙古人在俄罗斯》，主要论述了成吉思汗和继承人的征服活动。前一书出版后，得到了当时美国第32届总统富兰克林·罗斯福先生的高度评价，专门为他写了长达7个篇幅的序言，赞扬道："柯廷先生是当前美国最杰出的学者之一，他成功地描述了关于勇敢的蒙古人的历史"。二次世界大战后美国一跃而成为世界上头号军事大国。1945年4月美国第33届总统哈里·S·杜鲁门宣称美国"已经取得了世界的领导地位"。他说，"恺撒、成吉思汗、拿破仑或任何一个伟大的领袖所担负的责任都不能同美国总统相比拟。"美国第39任总统吉米·卡特说：我们非常敬佩并由衷地感谢蒙古人民，以史为荣如此推崇自己的民族英雄成吉思汗的壮举，相信蒙古人既然有光辉的过去，一定会有无

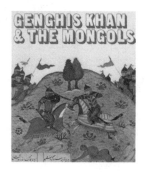

美国出版

乔治·布什与那木巴尔·恩赫巴亚尔

限美好的未来！1998 年美国第 42 任总统比尔·克林顿访华时《军事文摘》发表长篇文章，原引克林顿的一句话，说"中国曾经有过辉煌"。2006 年在大蒙古国成立 800 周年庆典之际，他表示：我发自内心地敬重和赞赏蒙古人民，自成吉思汗统一蒙古以来，一直为维护国家独立、争取民主而不懈奋斗的精神！

2005 年 11 月 21 日，美国总统乔治·布什抵达蒙古国进行访问。在首都乌兰巴托，布什（左）与蒙古国总统那木巴尔·恩赫巴亚尔在成吉思汗像前握手。他也成为历史上第一位访问蒙古国的在任美国总统。

美国第 43 任总统乔治·W·布什与 2005 年访问蒙古国期间在成吉思汗像前合影留念，并说：蒙古人民与美利坚合众国一样始终站在反恐立场上。我们十分敬佩你们为维护世界人权，促进民主化进程所做出的努力，尤其感谢上一次我和夫人劳拉访问贵国时给予的热情友好的欢迎接待。在纪念成吉思汗建立大蒙古国800 周年之际，我谨代表美利坚合众国的人民表示最热烈的祝贺，并祝愿蒙古人民平安吉祥，繁荣昌盛！

美国一位黄金富翁疯狂推崇成吉思汗

克拉维兹

美国一位富翁在年轻时看过一本美国人写的传记《成吉思汗：全人类的帝王》后，开始疯狂崇拜成吉思汗，不断搜集有关成吉思汗的书籍及实物，40 多年共搜集了 600 余种有关书籍，在接受记者采访时，他激动地说："成吉思汗，我最了解你！"这位美国人名叫克拉维兹，是美国黄金富翁，60 多岁后不再满足于从书本上了解成吉思汗，想到蒙古国探险，前后用五六年的时间自费考察了尚不为人所知的成吉思汗墓。

注：美国人克拉维兹是黄金富翁，是寻找成吉思汗墓的探险家。从 20 岁起就迷上了成吉思汗。当时他在驻德美军服役，一个偶然机会看到了哈罗德·兰姆的传记小说《成吉思汗·全人类的帝王》。该书以史实为依据，全面描写了英勇善战的成吉思汗的一生。从此就开始搜集与成吉思汗和元朝有关的书籍，到 2006 年已经收集到 600 多部，自称是世界上最了解成吉思汗的人。有人评价说：崇拜成吉思汗的第一人为美国人。（杨孝文）

《北京青年报》，2000 年 7 月 26 日。2000 年，穆里·克拉维兹非常自信地向全世界声明：世界上可能没有哪个人能比我更了解成吉思汗！

美国研究者称：成吉思汗是历史上最环保君主

版画 乌恩琪作

2010 年美国卡内基研究所全球生态部门的朱莉娅·庞格拉茨（Julia Pongratz）领导实施了这项研究。她表示："人们普遍认为，人类对气候的破坏始于工业时代大规模使用煤炭、石油等燃料，事实上整个人类文化发展史就是一个破坏地球生态的过程。农耕文化从几千年前就开始破坏地球的植被，将吸收二氧化碳的森林变成了耕地。"研究人员称如果没有成吉思汗，现在俄罗斯很多的森林早就变成耕地了，蒙古入侵造成 7 亿吨二氧化碳被吸收，大致相当于现在全球每年使用汽油产生的二氧化碳总量。庞格拉茨解释说："在像黑死病、明朝灭亡这样的短期事件期间，恢复生长的森林不足以吸收土壤中腐烂物质排放的二氧化碳。而蒙古人的入侵过程持久，所以有足够的时间让森林重新成长，吸收大量二氧化碳。"

图来自美国出版《成吉思汗》

✿ 美国企业家积极研究成吉思汗的领导能力

美国非常重视对成吉思汗的研究，将成吉思汗的领导能力和方法作为现代企业学习的榜样加以探讨。美国一家旅游公司的董事长写了一篇论文，对成吉思汗的领导方法分以下四个部分作了解释和分析。

一、成吉思汗颇具极强的预见能力。他比任何人都懂得，妥善分配从占领地获取的战利品是有效解决和制止部落间冲突、矛盾的唯一好办法。

二、成吉思汗具备了能够实现预期目标的能力。成吉思汗之所以战无不胜、所向无敌，并不是因为他掌握了别人没有的武器装备，而是在于他善于从实际出发巧妙运用了各种战术。严格的军令军纪，强有力的领导能力是他建立蒙古汗国的最主要的动力。

三、成吉思汗有一套善于调动臣民积极性的手段。他了解下属，非常明白他们在想什么，需要什么，最懂得他们最需要的是尽早摆脱生活困境，提高生活水平，所以他把从占领区获取的战利品尽量妥善地公正地分配给下面的臣民，使他们竭尽全力投入战斗。

四、成吉思汗具有将自己的部分权利分配给下属的魄力。他不分出身地位，不管是谁只要他在战场上英勇善战表现出色，就予以信任，让他担任适当的职务，分给他一部分权利。

——《千年人物》，韩国金正洛著，民族出版社，2003 年 9 月

✖ 美国人称：成吉思汗是八百年前的女权主义者

蒙古国画

　　美国学者杰克·威泽弗德在深入研究《蒙古秘史》的基础上，提出了"成吉思汗是八百年前的女权主义者"的论点。他著的《蒙古女王秘史：成吉思汗之女如何拯救他的帝国》一书表示：如果800年前亚洲有人能被称为女权主义者，那么成吉思汗就是其中之一。该书写道，蒙古族是生活在北部戈壁沙漠的人口较少的游牧民族。他们教导族人不论男女都要保护自己的牲畜。成吉思汗长大后成了至少11个孩子的父亲，其中大部分是女儿。在女儿们的婚礼上，他用蒙古族的一个比喻来给婚姻下定义，意思是"妇女能顶半边天"类似。他说："如果一辆双轴车的第二根轴断了，牛就拉不了了。如果一辆双轴车的第二个轮子坏了，它就不能跑了。"车对游牧的蒙古族人来说是不可或缺的。车由女人来赶；除非生病，男人是不准坐在车里的。蒙古人住的用毡子做成的帐篷也是女人做的。健康的男性最好去锻炼自己的马背上的技术，以便成为征服欧亚大陆的最大帝国的骑兵。杰克·威泽弗德写道："作为已婚妇女对车的所有权的延伸，妻子负责处理与金钱、以物易物或贸易有关的所有事情。"威泽弗德有许多引人入胜的来源，这使《蒙古女王秘史：成吉思汗之女如何拯救他的帝国》读起来很有趣。他一边研究自己的课题，一边在美国明尼苏达州圣保罗的麦卡拉斯特学院教授文化人类学。他的作品主要来源是《蒙古秘史》。他说，成吉思汗十分注意让新娘比新郎获得更好的待遇。新娘将获得公主的称号。新郎的服务形式是在军队中任职，他往往会被派去执行危险的任务。这样他的声望很高，同时伤亡率也很高。

　　　　　　——摘自《蒙古女王秘史：成吉思汗之女如何拯救他的帝国》

✪ 在洛杉矶博物馆门前屹立着成吉思汗雕像

《华尔街日报》1994年5月16日发表了莫根斯坦·焦（Morgenstern·Joe）撰写的题为《成吉思汗和艺术》一文说，屹立在洛杉矶民族博物馆门前的一座身着盔甲的成吉思汗雄伟雕像，却引起了一些人的质疑。认为博物馆内展出的大部分文物是成吉思汗出生以前的，为什么还要在博物馆前雕塑成吉思汗的像？

若希作

作者认为，博物馆内的文物都是第一次在这里展出，而大部分与成吉思汗有关。展出品以蒙古族文化艺术为主，还有7世纪的陶瓷，一方面说明了成吉思汗是蒙古族文化的先祖，另一方面反映了游牧民族的文化特点，展示了蒙古民族对世界的影响。展览以马鞍、金饰、玉器等文物吸引了观众，其中有一件头饰是公元前403—221年间的，上面雕刻一只雄鹰，下面雕有辽阔的大草原，人们看到了非常惊讶，认为成吉思汗收藏了非常多的珍贵文物，甚至有人认为成吉思汗临死时将许多文物带进了墓中。

成吉思汗是残酷而极特殊的伟人，他珍惜名誉不贪财，且谦虚而不酗酒，不过分追求物质享受。因此，博物馆门前的成吉思汗像是以博物馆本身的需要和市场的需求来设置的。

——来自纽约《华尔街日报》的消息

俄罗斯人重塑成吉思汗形象

图来自俄文版《成吉思汗》

　　沙皇和苏联历史学家一贯把蒙古人（俄罗斯人称其为鞑靼人）叫作恶魔；因此与蒙古人持续数个世纪的斗争，在俄罗斯的公开话语中一直是重头戏。不过，在后苏联时代，情况改变了。如今俄罗斯联邦的各派精英，突然开始直接或间接把自己与这位伟大蒙古勇士及其建立的强大帝国扯上关系。令人惊奇的是，一些俄罗斯族人已开始正面评价这位蒙古征服者。最近上映的俄罗斯电影《蒙古人》（Mongol）就是例证。这是一部专门刻画蒙古人征战沙场的影片。

　　蒙古征服的伟大成就，加强了这种欧亚国族文明的联系。蒙古人，尤其是成吉思汗的形象，从血腥的剑子手，变成为有良好道德影响的帝国创建者。

　　蒙古人与苏俄之间的直接联系，说明了俄罗斯人为什么对成吉思汗感兴趣，这也是《蒙古人》这部影片的主题。俄罗斯并没有放弃在全球历史中扮演重要角色的梦想，通过建立一个由俄罗斯族人和非斯拉夫少数民族组成的伟大的多民族帝国，可以恢复这种梦想。

——来自《亚洲时报》报道（2007 年 10 月 13 日）

俄总统选举进行模拟投票
成吉思汗成"候选人"

参与模拟总统选举投票

当地时间 2 月 25 日，俄罗斯莫斯科市选举委员会举办"开放日"活动，民众可前往莫斯科 12 个投票站参与模拟总统选举投票。5 名"总统候选人"分别是亚历山大大帝、拿破仑、彼得一世、丘吉尔和成吉思汗。据了解，透明投票箱和互联网摄像头将在本次总统选举中首次启用。

俄总统选举正式投票将于 3 月 4 日举行，偏远地区及境外投票站已从本月 17 日开始提前投票。参加竞选的 5 名总统候选人分别为代表统一俄罗斯党的普京、俄罗斯共产党主席久加诺夫、公正俄罗斯党领导人米罗诺夫、自由民主党主席日里诺夫斯基以及富商普罗霍罗夫。

根据俄法律，在第一轮投票中得到 50% 以上选票者即当选总统。（新华社 钟欣）

——新华网 2012 年 02 月 25 日（中央电视台 2012 年 2 月 27 日《今日新闻》）

俄罗斯人重塑成吉思汗形象

俄罗斯人拍成吉思汗影视成瘾了

《成吉思汗之征服传奇》导演：安德烈、卢布廖夫；主演：欧勒格、塔克塔罗夫凯里、川田博之。

苏联 1928 年就开始拍歌颂成吉思汗的电影"亚洲风暴"，之后又拍了无数关于成吉思汗的电影，2007 年刚刚拍了全球公映的大片"蒙古王"，现在不到 2 年时间居然又拍了部史诗巨作《成吉思汗——伟大征服者的传奇》。

俄国初代沙皇就是蒙古人，历代沙皇都有蒙古血统，其中好几个还是成吉思汗的直系后裔，直到伊凡雷帝、彼得大帝脸上都有明显的蒙古特征。列宁有蒙古血统，俄罗斯人的祖先就是成吉思汗的长子术赤，连击败拿破仑的库图佐夫都是蒙古人。另外罗刹国的政治制度、军事制度、海关制度、税收制度等等都是蒙古式的，从本质上说它就是一个东正教蒙古国家。"克里姆林"就是蒙古语，意思是"要塞"。"乌克兰"也是蒙古语"边境"的意思。圣彼得堡的别名叫"列宁格勒"，伏尔加格勒被称为"斯大林格勒"，"格勒"就是蒙古语"老巢"的意思。

——凯迪社区 2011-5-8

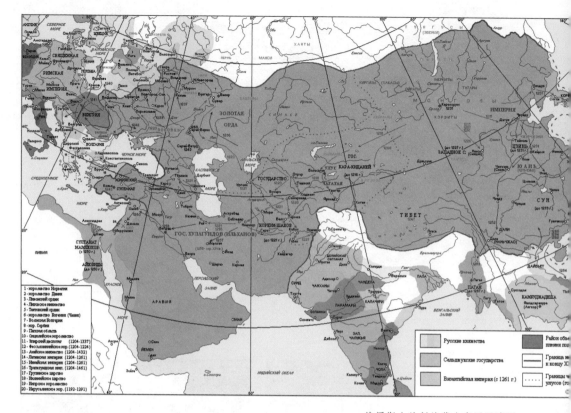

俄罗斯人绘制的蒙古帝国疆域图

⊗ 蒙古人的长期统治也给俄罗斯带来了巨大影响

　　蒙古人和俄罗斯人大量混血，欧洲国家至今还称俄罗斯人是
"成吉思汗的子孙"。欧洲有句俗语"Scratch a Russian and
find a Tatar."意思是剥开一个俄罗斯人，就会看见一个鞑靼蒙古
人。俄罗斯人彪悍尚武的民风就是深受蒙古的影响，直到19世纪
西方国家还畏惧地将俄罗斯称为"白色蒙古"。俄罗斯在政治上
的中央集权、经济上的农奴制度、军事上的扩张好战、宗教上的
服从世俗等等，使整个俄罗斯与当年的蒙古帝国像得吓人。在蒙
古四大汗国衰败之后，前金帐汗国属国的俄罗斯崛起并占领了从
前蒙古帝国中的相当一部分。俄国统治者曾经代表蒙古进行收税，
因为蒙古人很少视察他们占有的土地。今天，世界上最大的国家
俄罗斯的形成明显有当年蒙古的因素。俄国历史学家瓦·奥·克
柳切夫斯基和他的学生认为俄罗斯的统一，蒙古至少有一半功劳。
另一位欧亚主义哲学家特鲁别茨科伊在他的经典著作《论俄罗斯
文化中的图兰成分》指出莫斯科要感谢蒙古统治，俄罗斯在占领
喀山与阿斯特拉罕后才成为强国。俄罗斯政府的制度也是蒙古式
的。从本质上说，俄罗斯是一个东正教蒙古国家。俄罗斯人的日
常生活深受蒙古影响，有大量蒙古语借字、邮政、税收、服饰也

受蒙古影响，军制与法制是从蒙古学的。莫斯科和克里姆林都是蒙古人的杰作，"克里姆林"的字源来自蒙古语，意为"要塞"。"乌克兰"一词也是由蒙古语而来，意指"边境"。

喀山汗国，阿斯特拉汗，西伯利亚汗，克里米亚汗，诺盖汗的蒙古鞑靼贵族们后来都供职于俄罗斯公国，成为很多大公、王、贵族的姓氏起源。沙皇家族有蒙古血统，伊凡四世的母亲耶列娜是成吉思汗的直系后裔，一直到彼得大帝脸上还有明显的蒙古特征，列宁有卡尔梅克蒙古血统。蒙古鞑靼人不仅把血统形式传给了俄罗斯人，同时把政治制度，税收制度，海关制度和军事制度也传给了俄罗斯人，蒙古人为俄罗斯贡献了鲍里斯和费德尔戈杜诺夫两位沙皇。六位皇后：所罗门尼娅·萨布洛娃、耶列娜·格林斯卡娃、伊琳娜·戈杜诺娃、纳塔利娅·纳雷什金娜、马尔法·阿普拉克希娜、叶夫多基娅·萨布罗娃。蒙古鞑靼人还把驿站和军事战略战术传给了俄罗斯人。如著名的尤里·梅谢尔斯基汗将军、安德烈·谢尔基佐夫、叶尔莫洛夫、多赫图洛夫、马秋什金、莫尔德维诺夫、叶潘钦、比里列夫、日林斯基、谢尔巴切夫等将军们以及科学巨匠们如门捷列夫、梅奇尼科夫、巴甫洛夫、季米里亚泽夫。历史学家坎捷米尔、卡拉姆津以及极地学家切柳斯金、奇里科夫等人都是蒙古鞑靼血统。俄罗斯谚语说"如果深究俄罗斯人，就会出现鞑靼（蒙古）人。"德迈斯特也说过："抓伤一个俄罗斯人，就等于抓伤一个鞑靼人。"蒙古鞑靼人对于俄罗斯民族的影响是极其深远的，以至于形成了这样的观点：俄罗斯人是西方的东方人，是东方的西方人。此外蒙古鞑靼人对于俄罗斯民族的文化和艺术留下了深深的印迹。在俄罗斯文学方面，三位最伟大的小说家中的陀思妥耶夫斯基和屠格涅夫就有蒙古血统，也只有蒙古血统的屠格涅夫才能写下《白净草原》这样举世无双的，对草原的深刻理解和体验的小说。舞蹈家有乌兰诺娃、安娜·巴浦洛娃都拥有蒙古鞑靼血统。

❀ 对俄罗斯的开拓乃是成吉思汗及其继承人留下的遗产

14世纪至16世纪莫斯科公国的建立，以及此后俄罗斯帝国疆域的扩展，都取决于作为对手的两大民族——俄罗斯民族和草原民族之间的"良性互动"。这是成吉思汗及其继承人留下的一笔遗产。

——列·尼·古米列夫（苏联著名蒙古学家）

图说明：该画像原载罗伯特·瓦拉西著《人类伟大时代》丛书的《俄罗斯的诞生》一书中。原说明为：无情的战士成吉思汗派他的战无不胜的大军，由中亚出发，于1223年摧毁了俄罗斯的一支军队，一方面他征服世界，另一方面将知识、和平和忠诚带过去，打开了俄罗斯的大门。

图来自（蒙古国）《蒙古秘史》

俄罗斯人重塑成吉思汗形象

❀ 托洛茨基揭秘：
党内同志称斯大林为"成吉思汗"

据《凤凰网历史》2012 年 02 月 13 日报道：如果我没有弄错，第一个把斯大林叫作"亚细亚人"的，是已经去世的列昂尼德·克拉辛。克拉辛是老革命家、卓越的工程师、出色的苏联外交家，不过他首先是一个有理性的人。当克拉辛把斯大林叫作"亚细亚人"时，他想到的不是有争议的种族属性，而是亚洲政治家通常拥有的剽悍果敢、精明干练、诡计多端和残酷无情的糅合。布哈林后来简化了这个名称，把斯大林叫作"成吉思汗"，这显然是为了使人注意到他近乎野蛮和残忍。斯大林本人在和一个日本记者谈话时，一度把自己称为"亚细亚人"。他使用的不是这个名词的旧义，而是赋予了新的含义：他想用这种个人托喻来暗示苏联和日本在反对帝国主义西方问题上存在着共同的利益。

按照一般的看法，格鲁吉亚人的民族性是对人深信不疑，多情善感，性情急躁，同时又缺乏活力和主动精神。雷克吕首先注意到的是他们的愉快、和蔼和直爽。但是斯大林的性格和这些属性很少有共同之处。住在巴黎的格鲁吉亚侨民曾经十分肯定地对法文《斯大林传》的作者苏瓦里纳说，约瑟夫·朱加施维里的母亲不是格鲁吉亚人，而是奥谢梯亚人，斯大林的血管中掺杂着蒙古人的血液。但是有一位名叫伊雷马什维利的人断言，斯大林的母亲是纯粹的格鲁吉亚血统，而他的父亲是奥谢梯亚人，"粗俗鄙猥，和住在高加索的崇山峻岭里的所有奥谢梯亚人一样"。要想核实这些说法是很难的。

——摘自《斯大林评传》 作者：（苏）列夫·托洛茨基，上海三联书店出版

⊗ 【延伸阅读】
1993 年以后，俄国各级学校教科书中再也没有
"蒙古——鞑靼的压迫"一词

关于 1243 年至 1480 年，这段时间蒙古对俄国的影响及彼此的互动关系的论著非常多，但是，基本上都是以整个互动过程及前后历史作比较。

在俄罗斯帝国时代，俄国史学家对于蒙古在俄国历史上的角色这个问题彼此之间存在着极大的差异，正、反的价值评论都有。苏联建立以后对于这个问题则持负面的立场。历史价值上，认定这段蒙古时期称之为"蒙古——鞑靼的压迫"。整个苏联时代面对蒙古的角色定位问题就是以此为基调。1968 年由苏联科学院历史研究所列宁格勒分所出版的《俄国文化史纲》中明白地标示着：鞑靼的占领给俄罗斯人民带来无尽的苦难……物质财富不断被榨取……鞑靼入侵和持续两个半世纪的压迫，使俄国的发展落后于西方……鞑靼统治的头几十年，俄罗斯文化在各个领域的发展急剧衰退。同样的立场，也明白清楚地显示在俄国对外国人的教科书之中："蒙古——鞑靼的压迫"是俄罗斯在经济与文化上长期落后西欧的主因。我们可以这么说，官方的意识形态对此所采取的是一种负面否定的立场。

在苏联时代，早期的历史学家巴托尔德曾提出不同的看法，他认为把俄国在文化及社会上的落后归咎于蒙古时期是不正确的。另外较近代的列宁格勒大学教授古米列夫则尝试说明，俄国与蒙古人之间与其形成的是一种冲突概念，倒不如以另外一种互补、互惠、互相学习的互动模式来解释，更为恰当。并进而阐述双方试图建立合作关系的可能性与事实。但是，这种声音在苏联时代的学术界是极端的少数，古米列夫的著作在苏联时代甚至受到有意的忽视，直到苏联解体之后，才得以大量对外公开发行。

自 1993 年以后，俄国各级学校教科书中再也没有"蒙古——鞑靼的压迫"一词，就是一个显明的例子。但是，名词的消失，并不代表历史事件的不存在，俄国学界，明显的对这个问题迄今仍存在着矛盾的认知，亦即有人认为是负面的，又有人认为是正面的，也有人 采取折中意见，认为两者皆有。

——摘自中国台湾国立政治大学教授赵竹成：《蒙古西征与俄国历史发展进程》一文

图来自俄罗斯版《成吉思汗》（原作者为英国作家约翰·曼）

❀【延伸阅读】
20 世纪 60 年代成吉思汗问题成为中苏两党辩论中的重要部分

随着中苏两党之争的日趋激烈，对成吉思汗及蒙古征服者的评价已成为中国学术界向苏联争取自主的讯号，两国学术界关于这一问题的争辩也成为两党争端的有趣插曲。1962 年为成吉思汗诞辰 800 周年，中国大陆一方面举行盛大庆典，一方面在史学权威刊物《历史研究》上发表两篇有关成吉思汗的论文，即韩儒林《论成吉思汗》及周良霄《关于成吉思汗》。韩儒林原是伯希和之弟子，治学以审音勘同见长，却被推为此次争辩的中方主将，应与其在大陆蒙元史界之龙头地位有关。韩氏在其论文中对苏联学术界展现了极强火力。

前苏联史学界对成吉思汗的否定乃是由于霸权主义的心态作祟。为了驳斥苏联对成吉思汗之否定，韩氏从三个方面肯定成吉思汗在历史上的"进步作用"。

韩氏所论三点中，第一点与苏联观点出入不大。第二点系由上述"统一的多民族国家"史观衍生而来，在大陆史学界并无异议。至于第三点，大陆史学界之中仍有不少争议。周良霄《关于成吉思汗》一文对成吉思汗统一蒙古与中国两方面的贡献皆表支持，但是在西征问题上则有不同意见。他认为：成吉思汗西征的历史意义应该是否定的，因为西征不论是对内、对外，对中国人民或是对蒙古人民都是有害的。促进东西经济、文化交流仅为西征的偶然结果，而不能当作评价西征的主要依据。但是即使在评估西征的影响上，周氏的意见与苏联史学界仍然颇有歧议。他认为"不能夸大西征后所建立诸汗国的黑暗与落后，并且把社会'停滞'的原因都归之于蒙古人的统治"，"至于有的国家社会经济发展较缓慢，当然有它更深远的原因，我们不能要求蒙古统治者根本改变这种情况，而应当结合各汗国和各地区发展不平衡及这些地区原有的发展水平和当地的具体条件进行分析。换言之，有些地区在蒙古西征之后的发展停滞未必与蒙古人有关。"

苏联史学界对于大陆有关成吉思汗的新诠释立刻作出强烈的回应。科学院院士迈斯基（I·M·Maisky）所撰《成吉思汗》一文，一方面肯定了 1206 年以前成吉思汗统一蒙古的贡献；另一方面对其征服活动表达了否定的看法。惟特金（R·V·Viatkin）与齐赫文斯基（S·L·Tikvinskii）合撰《中华人民共和国历史科学的若干问题》对大陆史学界的看法，尤其是对韩儒林的论文提出猛烈的抨击。否定了韩儒林所说蒙古征服有功于中国统一、各国人民之解放及东西文化、经济交流的看法。

苏联学者在 70 年代对中国史学界所持成吉思汗观点仍然不断抨击。以研究西夏史著称的克恰诺夫（E·I·Kychanov）于 1973 年出版的一本成吉思汗传记《企图征服世界的铁木真之一生》中，对 1960 年以后大陆的成吉思汗研究提出严厉批评。在此书结论中，他一方面指出：大陆史学界之称颂元朝

图来自巴雅尔著
《论成吉思汗思想》

为中国统一时期系受扩张主义心态的驱使。另一方面，他认为从历史进展来看，成吉思汗的战争绝无正当性。同样的，苏联科学院院士齐赫文斯基在其所主编的论文集《亚洲和欧洲的鞑靼蒙古人》的序论中，再次攻击中国学者故意忽视蒙古征服中所造成的负面影响并利用成吉思汗与元朝历史作为证明中亚应为中国领土的工具。

总之，在此场争辩中，双方对成吉思汗的看法出入颇大，不仅对成吉思汗统一蒙古功绩大小的衡量颇有轩轾，而对南侵西征的历史作用更有全然不同的看法。但是双方的态度往往是激情的指责多于冷静的论证。成吉思汗的名字成为双方互相指责"霸权主义"与"殖民心态"的替代标签。（台湾历史学家萧启庆）

——来自中国台湾《成吉思汗学术研讨会论文集》，1998 年 6 月

资料图：金帐汗国的第二代大汗兼俄罗斯沙皇萨尔塔克汗（右），和他的结
拜兄弟是亚历山大·涅夫斯基（左）

俄罗斯人重塑成吉思汗形象

❊ 从俄罗斯史诗大片《大蒙古国》谈俄罗斯与蒙古的历史渊源

　　俄罗斯 2012 年巨作《大蒙古国》，在俄罗斯引起争议，有人说汗国和俄罗斯是完全不同的两种文化。也有人认为蒙古游牧民族和俄罗斯之间是共生关系，两者密不可分。在俄罗斯欧亚主义者的史评中最重要的是：俄罗斯人不是从蒙古人的统治下解脱出来，而是蒙古人创建这个强大的欧亚帝国后，把领导权转交给了俄罗斯人。

　　蒙古人与苏俄之间的直接联系，说明了俄罗斯人为什么对蒙古人感兴趣，俄罗斯并没有放弃在全球历史中扮演重要角色的梦想，通过建立一个伟大的多民族历史体系，可以恢复这种梦想。不过这种借助蒙古人帮助俄罗斯完成帝国大业的想法却遭到俄罗斯众多少数民族的强烈反对，他们对蒙古人有自己的看法。西伯利亚北部的雅库特人就正在拍摄一部成吉思汗的影片。该电影制片人明确表示，成吉思汗及其遗产与俄罗斯族人没有相同之处，而雅库特人及其它突厥人，倒跟蒙古人有很多共同点，突厥和蒙古自古也是一体的。

亚历山大·涅夫斯基拒绝接受罗马教皇的自杀性的、与蒙古人血战到底的命令，而选择依附于蒙古人，这通常被认为是俄罗斯脱离欧洲，投向亚洲的转折点。1246年，金帐汗封他为基辅大公。俄罗斯与蒙古的结合，使俄罗斯从此在欧洲立于不败之地。2008年，俄罗斯国家电视台举行了一次"史上最伟大的俄罗斯人"的评选活动，结果涅夫斯基名列首位。

著名军事历史学家休·科尔："1914年喀尔巴阡山战役中，俄国所采取的战术便是以当年蒙古军战术为范本的。时至今日，我们仍能感到，当年蒙古人对我们今天的军事还有着深远影响，利德尔·哈特曾以蒙古军队为例，说服人们将骑兵作战方法运用于坦克。苏联红军秉承蒙古人的战术之精髓，以高速机动为主要战法，以大面积平原为主要战场。蒙古骑士日行80公里，在驿站制度下则可日行500公里。蒙古人作战时的推进速度同样快得惊人，攻占北俄罗斯用了2个月零5天，平均每天推进85至90公里；攻占南俄罗斯用了2个月零10天，平均每天推进55到60公里；攻占匈牙利和波兰用时三个月，每天推进58到62公里。相比之下，二战时期行军速度最快的苏联红军在基本没有阻力的情况下，从波兰的维瓦斯河直扑德国的奥得河，20天里只推进了500公里，平均每天只有25到30公里，而此战役被视为现代战争中推进速度最快的战役。"

资料图：前苏联1928年歌颂蒙古人的电影《亚洲风暴》

蒙古凭借高超的战术谋略、发达的谍报系统、严密的作战计划、先进的军事科技以及高速的机动性等优势，在不到70年的时间里征服了世界，结束了旧世界的秩序，开启新的时代。蒙古从未一次派出超过10万人的大规模军团，却在25年的时间里征服了比罗马帝国400年征战还要广阔的土地。美国五星上将麦克阿瑟在《十九颗星对美国四位名将之研究》中说："如果有关战争的记载都从历史上抹掉，只留下蒙古人战斗情况的详细记载，且被保存得很好，那么军人将仍然拥有无穷无尽的财富，塑造一支用于未来战争的军队。"

与蒙古帝国相比，历史上的大帝国如亚历山大马其顿帝国、拿破仑法国与希特勒德国全都黯然失色。蒙古帝国鼎盛时期东起太平洋，西抵多瑙河，北入北极圈，南到南海，总面积超过4000万平方公里，占地球陆地总面积的1/3，为人类史上版图最大的帝国。

成吉思汗，人类历史上最成功的"播种者"，全世界每200个男性中就有1人携带成吉思汗的Y染色体。

历史上，瑞典、法国、德国，这些虎狼之师最终无不败在俄罗斯广袤的土地上。俄罗斯的强大，在于其自身的游牧民族基因胜则毁灭一切，败则飘然而去，游牧民族不需要携带所有给养，抢掠是其主要供养方式，当他们失败时，因为游牧民族不存在"固定资产"，所以也没有必须要坚守的地盘，游牧民族可以凭借其广袤的草原和沙漠拖死对手。

19世纪法军远征与20世纪二战德军东侵，与俄罗斯人令人恐怖的一路狂奔，决定了战争的结果。即使这场战斗，也是蒙古佬库图佐夫公爵实行的。当那些鞑靼人（欧洲人对俄罗斯人的称呼）烧毁自己的家园与首都时，法国人反倒成为不远万里的消防队。从莫斯科到达波兰，一路上全是被冻死饿死的法军尸体。

二战德苏战争，出现与法俄战争类似情况。在斯大林格勒会战中死亡达150万，大部分是被活活冻死与饿死的。四年时间里，数十次巨大的会战，与法军同样强大的德军被吞噬在俄罗斯的冰天雪地里。

俄罗斯国土的大而纵深，让敌人犹如掉进泥沼，补给和兵力永远不足，俄罗斯人在面临最终失败时便实行焦土政策，这些正是游牧民族的抗敌方式。俄罗斯的广袤国土犹如游牧民族的大草原和沙漠，对手陷进去之后，基本处在处处占领处处兵力不足，处处四面楚歌的窘境。俄罗斯无边的国土和焦土政策让对手陷入弹尽粮绝的境地，而焦土政策正是游牧民族战略大迁徙的行为。任何一个农业民族，或者后来的工业化国家都不能真正实行"焦土抗战"，只有俄罗斯能够做到这一点，俄罗斯的游牧基因让其始终处于不败境地，这一点其他任何帝国都做不到。

过去的俄罗斯史学界通常把蒙古人统治的两百多年的时间称为"鞑靼枷锁"，但对这一时期的看法却不尽相同。其中，有些人对蒙古的统治持全盘否定态度。他们认为 "蒙古的统治，是俄罗斯历史上最具悲剧性的一页，使俄罗斯脱离了欧洲大家庭"。但是，也有人看法不同，如18—19世纪的历史学家卡拉姆津，就主张"莫斯科的强大应该归功于蒙古"。在当代学者中，以古米列夫为代表，认为所谓的"鞑靼枷锁"并不存在。相反，"俄罗斯与蒙古的联合，使俄罗斯在与西方的争斗中，立于不败之地"。今天，世界上最大的国家俄罗斯的形成明显有当年蒙古的因素。1920年代，俄罗斯的欧亚主义就说："俄罗斯族人与西方不相干，与斯拉夫（Slavdom）也无关。"克柳切夫斯基和他的学生认为俄罗斯的统一，蒙古至少有一半功劳。另一位欧亚主义哲学家特鲁别茨科伊在他的经典着作《论俄罗斯文化中的图兰成分》指出莫斯科要感谢蒙古统治，俄罗斯政府制度也是蒙古式的。从本质上说，俄罗斯是一个东正教蒙古国家。俄罗斯人的日常生活深受蒙古影响，有大量蒙古语借辞、邮政、税收、服饰也受蒙古影响，军法制度也是从蒙古学的。

在伊凡沙皇登基时，俄罗斯宫廷中已有三分之一的人具有蒙古血统，俄罗斯政府的制度也是蒙古式的。蒙古的喀山汗国、阿斯特拉汗国、西伯利亚汗国、克里米亚汗国、诺盖汗国、蓝帐汗国、白帐汗国的蒙古贵族们后来供职于俄罗斯公国，成为很多大公、王公贵族的姓氏起源。俄罗斯曾有蒙古血缘的大公92个，50个王，13个公侯、300多个贵族姓氏。

ЧИНГИСХАН

俄罗斯版《成吉思汗》

吹拂了八百年的草原疾风

席慕蓉（著名诗人）

祖先创建的帝国举世无双，
何等辽阔，何等辉煌！

立足于旷野，驰骋于无边大地。
马背上看尽了世间的繁华兴替。
那统御万邦的深沉智慧，
是今日的我们所望尘莫及。

吹拂了八百年的草原疾风，
在众多的文化里成为源泉和火种。
那广纳百川的浩荡胸怀，
我们今日只能以歌声来赞颂。

长风猎猎，永不止息，
一如心中不灭的记忆。
看那祖先创建的帝国举世无双，
何等辽阔啊，何等辉煌！

战无不胜的灵旗——苏勒德
任志明制作

《建立世界的男子汉—成吉思汗》封面

日本学者称：成吉思汗是 "建立世界的男子汉"

　　成吉思汗是史上最大帝国的开拓者，是战法的创发家，是宗教平等者，是国家治理的革新家。这个人就是"建立世界的男子汉"成吉思汗。他是世界上唯一的一位在中原地区黄河流域、中亚地区和欧洲三个战场上同时开战并取得胜利的英雄。

　　成吉思汗所建立的"国家"非常近代化，这个"国家"是个包容多人种、多文化、多宗教的"世界帝国"。他不但重视经济，女子强悍，而且寻求国际化、全球化。

　　——（日本）堺屋太一著《建立世界的男子汉——成吉思汗》

　　注：作者堺屋太一为成吉思汗研究学家、日本信息产业省原官方长官

❀ 日本人心目中的成吉思汗形象

日本人之所以对成吉思汗和蒙古帝国抱有比较积极的看法，似乎与日本能够借助"神风"这一偶然的因素得以击退蒙古远征军不无关系。另外，不能否认，通过"阿尔泰语系学说"等，在语言、种族上形成了一种亲近感。20 世纪 20 年代产生了"成吉思汗即源义经说"等荒唐无稽的学说，致使当时的学者对此也进行了认真的反驳。战后出现的"骑马民族说"可以说进一步促进了日本人对蒙古人的好感。

——摘自二木博史：《蒙古的历史与文化》

日本人作的成吉思汗画像，在我国最初刊印在上海中华书局，于民国四年（1915 年）刊登在《大中华》杂志上，后来在中国广泛流传。

❀ 日本人选最理想的老板，成吉思汗名列榜首

日本人事院一年一度的理想老板调查结果最近出炉，结果令调查人员大吃一惊：许多新任公务员心目中理想的老板并不是首相桥本龙太郎，而是 13 世纪中国的成吉思汗！日本政府在一项实习训练中，调查了 520 名新任公务员，问他们心目中最敬佩的老板是谁，结果 79 人选成吉思汗。这是 1991 年起进行类似调查以来，第一个荣登榜首的非日本人。人事院官员说，许多新任命的公务员认为成吉思汗是"一个有组织能力的领袖，而不是一个征服者"。以往荣登榜首的多是日本棒球明星或电视艺员。这次以 52 票名列第二的是职业棒球欧力士队督导仰木彬，接着是电视演员长冢京三，他得了 16 票。

日本首相桥本龙太郎仅得了 8 票，排名第九。不过他本人对此似乎不太在意，因为他也是个成吉思汗迷。桥本最喜欢的书就是日本最近出版的一本有关成吉思汗及其家庭的小说。

——来自中国《青年参考》

（日本）村上正二著《成吉思汗——蒙古苍狼》

❈ 日本学者楳本捨三说：成吉思汗魔术般的突然出现，惊倒了许多历史学家

日本人想象中的成吉思汗画像

（日本）高天　熏画

❀　**日本著名史学家冈田英弘说：成吉思汗为当今世界打下了基础，没有成吉思汗的蒙古帝国就谈不上世界历史！**

——摘自《世界史的诞生——蒙古帝国的文明意义》

❀　**日本电视片《大蒙古》，使成吉思汗最新的研究成果达到了一个旺盛期**

　　1992年日本广播协会播映了电视片《大蒙古》，与此相配合，日本广播协会编写的《大蒙古》1—4业已出版。给人留下了似乎是立竿见影的感觉，同时的确使人感到最新的研究成果达到了一个旺盛期。影像、照片中有许多是珍贵的。杉山正明的《大蒙古的世界》（《角川选书》227），可称是迄今为止有关蒙古帝国概论中内容一新的著作。该书的意义之一在于：再一次重新确定了所有个别分析成果，在帝国整体形象中的位置。本书论述帝国的整体形象是出人意料和罕见的，著者对19世纪以来程式化的帝国整体形象作了相当多的纠正。同时，对这一时期，其境内欧亚大陆整体构造的变化与蒙古政权的关系十分关注。尽管如此，这一论述中未尽其意、秘而未宣的可能性仍很大。还有的评论认为，此书是以确立与世界史上的"大航海时代"并驾齐驱的"蒙古时代"观点为目标的规模很大的概论（见《西尼卡》11月号原山煌氏的介绍）。

——张永江编译　《史学杂志》第102卷第5号，1993

❀　**成吉思汗在日本享有极高的评价**

　　日本大阪外国语大学教授胜藤猛著的《成吉思汗——草原上的世界帝国》一书，讲述了13世纪建立的横跨亚欧大陆、历史上空前大帝国的人物故事。

　　作者说：在日本，成吉思汗作为一个举世闻名的英雄，享有极高的评价。一方面，在中国、西亚和欧洲把他和他的蒙古军队，定为野蛮残暴的侵略者和破坏者。他被当作世界历史上的最大的坏人。日本由于同亚欧大陆隔海而处，得以避免蒙古的入侵。这件事，使日本的历史和日本人的精神境界，具有了特征。

《成吉思汗传》

在成吉思汗的统治下肆行破坏，当时的文明遭到了毁灭，这是事实。但在另一方面由于帝国的成立，亚欧大陆的东西交通飞跃发展，东西方的物资交换和情报交流方便起来了，这必须是大书特书的。这个大帝国崩溃以后，这种交通应当说是衰退了，其原因就是政治上的分裂。把马可·波罗所走过的道路照样再走一遍，即使在技术上是可能的，但政治上的障碍迄今还是存在的。

摘自（日）胜藤猛著，朱风译：《成吉思汗——草原上的世界帝国》序

图来自（日本）《蒙古袭来绘词》

❀ 日本学者称：
成吉思汗为"世界古今盖世之英雄"

自有地球以来，不知道有多少英雄席卷大陆；自有历史以来，不知道有多少帝王君主削平邦土。然而规模之大，版图之广属成吉思汗，旷古无比。

——（日本）太田三郎 著《成吉思汗》

小泉纯一郎

❀ 日本前首相小泉纯一郎：
蒙古帝国时期产生了世界的概念

我国的一位史学家曾经说过，由于在曾统治过欧亚国土的蒙古帝国时期产生了"世界"这个大概念，"世界史"才得以形成。一些日本作家同时认为，根据成吉思汗实行的关于重用才华出众的外国人、使用统一的银牌、宗教信仰平等政策看，可以说蒙古帝国就是最初的 全球化模式。

——摘自《大蒙古国》

평범한 아이를 위대한 리더로 키워주는 책

소년 테무친,
칭기즈칸이
되다

주경희 글 ● 류성민 일러스트

세계의 영웅에게 배우는
14가지 성공비결

해와비

韩文版《成吉思汗》

韩国人倍加崇拜成吉思汗

在国庆黄金周期间，记者前往木槿花盛开的美丽国度——韩国，度过了难忘的异国假期……

记者是蒙古族，生活在美丽的内蒙古。对伟大的祖先成吉思汗一直充满着景仰，但万万没有想到，在遥远的韩国却喜遇如此之多的"志同道合"的异国朋友。

先是我们的大巴司机把我送的成吉思汗皮画肖像捧在胸口激动不已，然后是我们下榻的韩国民居的主人听说我是蒙古族，特意带着自制的牛肉干来看我，而且几乎每一个新结识的朋友听到"蒙古族"都一脸向往。后来我在景福宫（韩国的故宫）附近居然发现一处外观很气派的古典建筑上挂着蒙古文牌匾，下面的英文是"蒙古同乡会"。

经过询问，记者了解到，韩国人是公元5世纪从中亚迁徙到朝鲜半岛的蒙古部落的后裔。他们确信自己的祖先是蒙古人，因此，韩国人大都崇拜成吉思汗，认为他是影响历史进程的大英雄。而且韩国人的体格特征真的有明显的蒙古民族的痕迹，韩国民间至今仍信奉古老的萨满教，而这宗教正是起源和兴盛于蒙古部落。

——摘编自《内蒙古日报·北方经济报》，2003年10月17日。原载韩国《千年历史人物》的报道

❀ 韩国前总统金大中说：网络还未出现的七百年前，蒙古人就打通了世界各国的关系，建立了国际关系新秩序

韩国前总统金大中

1999年6月，韩国总统金大中说："有人认为，由于有了蒙古人，人类才第一次拥有了世界史，而蒙古人倔强不拔、勇猛无敌的精神和机智敏捷的性格却塑造了伟大的成吉思汗。同样，我也赞成一些人的评价，网络还未出现的700年以前的蒙古人，就打通了世界各国的关系，建立了国际关系新秩序。

但是，人类从来不会是大地的儿子以外的东西，大地养育了他们，环境决定了他们，只要认识到他们的生存方式，则他们的动作及他们的行为便会即刻一目了然的。草原制造了这种体格强壮的人，他们是不可驯服的，因为他们继续存在于那样的自然条件下。

韩国人倍加崇拜成吉思汗

❀ 成吉思汗的驰马驿站是当今世界因特网的前奏

韩国著名作家、记者金正洛最近出版的《千年历史人物》一书中写道：成吉思汗的年代，世界人口大概有3亿左右。蒙古帝国统一了人口相对集中、文明发达的中国、阿拉伯、欧洲各国，并开创了中世纪以来的人类历史发展的崭新局面。

大地是人类的家园，我们只有一个家园，这是当今人类"全球化"的新观念。然而，"全球化"起源于成吉思汗的大统一。

成吉思汗的经济政策是当今世界经济一体化的雏形。成吉思汗的驰马驿站，是当时通讯业的最佳最快形式，是当今世界英特网的前奏。

成吉思汗在其统治的广大地区，无论是政治，还是经济以及宗教信仰、思想各个方面实施了开放政策。所以，众多宗教和教派而言，在当时的世界各地，只有成吉思汗统治地区才能够平等、共存。成吉思汗的开放政策，是当今世界国际关系发展趋势的先行。

——《千年历史人物》，1999年在汉城出版

14世纪前期欧亚大陆主要国家级东西方交流

土耳其人一直把成吉思汗
视为突厥人的最高统治者

安卡拉大学突厥文化研究所资深教授阿赫麦特·铁木尔认为，与蒙古人接触最广泛、来往最密切的民族是突厥人，他们与成吉思汗和睦相处，积极主动地参与了各项政治军事行动。后来版图扩大到地中海、中亚和乌拉尔山脉一带，也始终与蒙古人杂居在一起。蒙古人占领安纳托利亚之后，随着时间的推移渐渐接受了伊斯兰教，加快了突厥化的进程。当成吉思汗将土耳其纳入自己的管辖范围之后，不但没有歧视排挤突厥人，反而一视同仁，给予了平等的权利，所以土耳其人一直把成吉思汗视为突厥人的最高统治者。

土耳其首都安卡拉博物馆
内的成吉思汗蜡像

阿赫麦特·铁木尔教授对新发现的两篇基金文（1272年撰写的《克尔希克尔基金文》和1326年撰写的《阿拉伯文基金文》）认为，蒙古人侵入安纳托利亚之后，不但没有焚烧图书，反而实行宗教自由政策，支持教育事业的发展。

我国史学界认为，蒙古与古代突厥人均属蒙古人种。成吉思汗所建蒙古汗国中的克烈亦惕、汪古和乃蛮部都是突厥部落，他们与蒙古互称"忽答"（亲家），世代通婚。

土耳其人漂流到亚细亚已有数百年，但至今民族特性、生活习惯上有许多与蒙古族相似的地方。二者有相同的图腾传说和相同的风俗，蒙古萨满教与突厥萨满教的天神、地神、火神、雷神等主要神灵的功能也完全相同。

——摘编自《内蒙古日报》，蒙古文版，2004年

✿ 土耳其人对成吉思汗的崇拜超过了太阳神

曾被成吉思汗征服过的土耳其人，至今对成吉思汗的崇拜程度，可以同太阳神的崇拜相提并论。

土耳其首都安卡拉国会大厦广场上拔都、帖木儿、巴布尔等人的群雕

❈ 土耳其首都安卡拉举办世界名人展
将成吉思汗列为第一位

据曾留学土耳其的内蒙古大学高·照日格图博士介绍，2001年在土耳其首都安卡拉举办了一次世界名人展，不仅把成吉思汗列为第一位，而且还雕塑了一尊高大的蜡像作为这次名人展的广告展示在该市最醒目的地方。安卡拉政府门前至今矗立着土耳其各朝代执政者的塑像，其中就有拔都、帖木儿、巴布尔等蒙古血统的大汗。

土耳其人一直把成吉思汗视为突厥人的最高统治者

土耳其文《蒙古人在高加索》

成吉思汗崇拜在蒙古国重新恢复

（蒙古国）格·普日布巴图画

在今天的蒙古国，"成吉思汗"随处可见。成吉思汗国际机场、成吉思汗广场、成吉思汗雕像……以成吉思汗命名的场所和物品数不胜数，成吉思汗的雕像遍布全国。成吉思汗在13世纪建立了蒙古帝国，让蒙古的疆域和影响达到历史顶峰。对成吉思汗的崇拜反映了蒙古人迫切寻求民族身份认同的愿望。

成吉思汗像用红色和青色的墨水分别印在不同币值的蒙古货币图格里克上。记者参观了不同的政府办公楼内的墙上均挂有不同大小的成吉思汗画像，有的还摆放着成吉思汗的雕像。学生们去成吉思汗大学上课，来往的游客住在"成吉思汗"酒店，电视台播放与成吉思汗有关的电视剧、纪录片或者音乐作品，书店里多种版本不同语言的成吉思汗传记畅销不衰。在路边小店里，成吉思汗主题的冰箱贴、钥匙链、明信片和各种纪念品非常多。在超市，不同包装不同厂家生产的"成吉思汗牌伏特加"让人挑花了眼。无处不在的"成吉思汗"反映了蒙古人对民族自信和自强的强烈渴望。

坐落在蒙古国国会大厦内的成吉思汗雕像

蒙古人民共和国成立后的60多年，一直处于苏联影响下，蒙古人不但不能视成吉思汗为民族英雄，还被禁止在任何场所悬挂成吉思汗的画像，成吉思汗在这段时期被当成是蒙古统治阶级对亚洲和欧洲各国侵略的代表。这种状况直到1990年才结束。

1990年以后，摆脱了苏联多年的控制，蒙古国渴望能够以独立强大自信的面貌面对世界，井喷式的成吉思汗崇拜是这种心理的体现。（据《环球时报》2014-08-23）

又讯：2009年12月13日，蒙古国立大学外国语文与文化学院那仁教授（Dugariav Naran）以《在蒙古的成吉思汗崇拜——过去与现代》为主题作了报告。认为，蒙古民族对其祖先成吉思汗的崇拜在时间上可分成五个阶段，分别是早期的蒙古帝国时代、蒙古分裂时代、清朝时代、社会主义时代和当代，由于历史与神话中的叠加，形成了蒙古民族的崇拜。如今随着蒙古的独立建国、民主改革以及社会与经济转变，蒙古国人对成吉思汗的敬仰和崇拜重新恢复，希望仰仗成吉思汗来恢复蒙古昔日风采以走入全球化的世界、国际市场。

成吉思汗机场、成吉思汗纪念馆、成吉思汗山、成吉思汗铜像……成吉思汗是蒙古历史上杰出的军事家，一直都是蒙古人的骄傲。在乌兰巴托，成吉思汗的画像从啤酒、伏特加酒瓶上的标签，到 T 恤衫、纸牌、钱币、邮票上的图案，随处可见。

又讯：有关蒙古帝国的创建者——圣主成吉思汗，在世界范围内出版发行的著作、论文、画册、诗歌、传记、电影等难以计数。成吉思汗的威名几乎传遍了世界的每一个角落。

近年来随着蒙古国民主、革新的进程，在人民大众，特别是在学术教育界和文化艺术界当中，要求恢复历史传统，继承民族文化和宝贵的精神财富的呼声日益高涨。1997 年 6 月 6 日，蒙古的学术界和大学生，以及文化艺术界的人士在"查干双霍尔霍尔丁"成吉思汗库伦旅游基地聚会，经讨论决定成立"成吉思汗研究中心"。随后，为扩大该组织的影响和规模，在第七次国际蒙古学大会召开之际，1997 年 8 月 13 日，大会接受与会外国学者的建议，成立了"国际成吉思汗研究中心"，并把"查干双霍尔霍尔丁"的主任、历史学家策·恩和太平选为该中心的主席。蒙古国总理 M·恩和赛汗参加了会议。蒙古国政府亦支持该国际组织的工作。"国际成吉思汗研究中心"于 1997 年 11 月 10 日在蒙古国司法部注册登记，从而成为合法法人。

1996 年，为纪念蒙古帝国建立 790 周年，曾在蒙古国召开过学术讨论会。2006 年将是蒙古帝国建立 800 周年纪念，蒙古人民为了在此之前在乌兰巴托建成设施完备的成吉思汗纪念馆，现正在努力工作。并且有人提议为纪念成吉思汗，在成吉思汗的诞生地——肯特省达达拉苏木或是在阔迭阿日勒建一座功能齐全的纪念堂。地方政府和劳动人民积极支持这项工作。纪念堂的图纸已经拟就，并已基本上开始进入实施阶段。现正在国外寻求实施合作伙伴。

蒙古国版《成吉思汗》

1995 年恢复了博尔罕哈勒敦山祭祀活动，蒙古国总统参加了这一活动。

蒙古科学院地理研究所主持考订了蒙古帝国时期具有历史意义的地名，并出版了成吉思汗画集。

——中国台湾《成吉思汗学术研讨会论文集》，1998 年 6 月

❀ 在蒙古国随处可见"成吉思汗"

在今天的蒙古国，"成吉思汗"随处可见。成吉思汗国际机场、成吉思汗广场、成吉思汗雕像……以成吉思汗命名的场所和物品数不胜数，成吉思汗的雕像遍布全国。成吉思汗在 13 世纪建立了蒙古帝国，让蒙古的疆域和影响达到历史顶峰。对成吉思汗的崇拜反映了蒙古人迫切寻求民族身份认同的愿望。

环球时报 2014-08-21

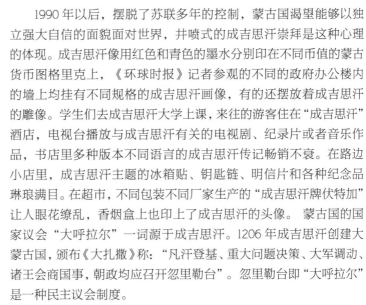

❀ 生活中"成吉思汗"无处不在

成吉思汗刺绣像

1990 年以后，摆脱了苏联多年的控制，蒙古国渴望能够以独立强大自信的面貌面对世界，井喷式的成吉思汗崇拜是这种心理的体现。成吉思汗像用红色和青色的墨水分别印在不同币值的蒙古货币图格里克上，《环球时报》记者参观的不同的政府办公楼内的墙上均挂有不同规格的成吉思汗画像，有的还摆放着成吉思汗的雕像。学生们去成吉思汗大学上课，来往的游客住在"成吉思汗"酒店，电视台播放与成吉思汗有关的电视剧、纪录片或者音乐作品，书店里多种版本不同语言的成吉思汗传记畅销不衰。在路边小店里，成吉思汗主题的冰箱贴、钥匙链、明信片和各种纪念品琳琅满目。在超市，不同包装不同厂家生产的"成吉思汗牌伏特加"让人眼花缭乱，香烟盒上也印上了成吉思汗的头像。 蒙古国的国家议会"大呼拉尔"一词源于成吉思汗。1206 年成吉思汗创建大蒙古国，颁布《大扎撒》称："凡汗登基、重大问题决策、大军调动、诸王会商国事，朝政均应召开忽里勒台"。忽里勒台即"大呼拉尔"是一种民主议会制度。

无处不在的"成吉思汗"，反映了蒙古人民对民族自信和自强的强烈渴望。

❀ "成吉思汗"公园令人怀古

在乌兰巴托以东 54 公里处的草原上矗立着一座世界上最高的成吉思汗骑马雕像，这座雕像用了 250 吨不锈钢，花费超过 410 万美元建造而成。从远处看，闪耀着一种令人目眩的银色。这座成吉思汗雕像的手中握着一根金色的马鞭，根据蒙古民间的说法，年轻的铁木真在此处曾捡到一根金色马鞭，从此开始了他一生的征战。传说中铁木真曾经以马鞭指天，发出"让蓝天下都成为蒙古人的牧场"的豪言壮语。他最终实现了自己的梦想，带领蒙古骑兵征服了将近一半的世界领土，建立了横跨亚欧大陆的蒙古帝国，这段历史直到今天仍然令蒙古人热血沸腾。

世界上最大的成吉思汗骑马雕像

成吉思汗崇拜在蒙古国重新恢复

在雕像东边，距离乌兰巴托 96 公里处，有另一个著名的旅游景点——"13 世纪国家公园"。公园坐落在一片占地非常广袤的草原上，不时可以看到牧民骑着马赶着羊群从草原的一个山包到另一个山包。公园的草原上星星点点地点缀着一些蒙古包群，可以让来访的游客体验 13 世纪蒙古人的生活方式。

蒙古国货币图格里克

其中一座蒙古包仿造成吉思汗的大帐而建，里面摆放着"王座"，两边各插着一根大蠹，是长生天赐予成吉思汗以助其成功的神物，也是成吉思汗战无不胜的象征。游客们除了可以在大帐里享用传统的蒙古食物，欣赏牧民拉的马头琴，还可以换上古代蒙古王公贵族的服装拍照留念。

同行的蒙古国政府工作人员德尔格玛对记者说，因为蒙古人是游牧民族，常年随着水草迁移，历史文物很难保留和传承下来，蒙古近年来意识到了这个问题，从各处收集和仿制了一些古物，希望通过模仿过去蒙古人生活的方式来更好地纪念和保存蒙古的历史。

而之所以起名为"13 世纪国家公园"，大概因为成吉思汗在 13 世纪建立了蒙古帝国，让蒙古的疆域和影响达到了历史的顶峰。

——环球时报 2014-08-21

❈ 兵圣孙子和成吉思汗走进蒙古国孔子学院

蒙古国立大学孔子学院中方院长于健提出，要让孙子和成吉思汗共同走进蒙古孔子学院，让中国传统文化经典《孙子兵法》与成吉思汗的"蒙古兵法"在此交融。

这位来自孙子故乡山东的哲学博士，对《孙子兵法》和"蒙古兵法"颇有研究。他指出，孙子是中国兵学杰出代表、百世兵家之师、东方兵学鼻祖，至今仍是巍峨的丰碑；而"一代天骄"成吉思汗是草原军事文化最杰出的代表，是全世界最伟大的军事实践家，其军事思想和实践，是草原民族军事文化的最高峰。

于健比较说：孙子领兵打仗，战无不胜，北威齐晋，南服越人，其著有巨作《孙子兵法》十三篇，为后世兵法家所推崇，被誉为"兵学圣典"，置于《武经七书》之首，被译为 20 多国文字出版，成为世界上最著名的兵学典范之书。成吉思汗军事才能卓越，熟读《孙子兵法》，战略上重视联远攻近，战法上变幻莫测，史称"深沉有大略，用兵如神"。13 世纪，成吉思汗及其子孙们征服了亚欧大陆的大部分，这场规模空前的战争，奠定了蒙古兵学在世界军事史的历史地位。

于健表示，孙子和成吉思汗是东方两位伟大的战略家和军事

（蒙古国）雅·阿拉坦苏和画

家，也是世界伟大的战略家和军事家；孙子和成吉思汗是中蒙两国人民都非常崇拜的，也是全世界都公认的，两者结合，珠联璧合，是中蒙文化的结晶。让孙子和成吉思汗共同走进蒙古孔子学院，对于促进中蒙文化交流，推进中蒙两国教育、文化领域的合作具有深远的意义。

于健透露，蒙古孔子学院将筹备"孙子与成吉思汗国际研讨会"，邀请中蒙两国孙子和成吉思汗相关专家学者和兵学家、汉学家、教育家、企业家共同研讨，出版系列丛书，开展多种形式的文化活动，把孙子和成吉思汗打造成蒙古孔子学院独特的响亮的品牌。（记者 韩胜宝 乌兰巴托 2012 年 5 月 8 日）

——来自《中国新闻网》报道

✿ 蒙古国将为不儿罕山申遗

新华社消息　蒙古国总统查希亚·额勒贝格道尔吉近日签署为不儿罕山申报世界文化遗产的总统令，标志不儿罕山申遗工作的正式开始。

不儿罕山是蒙古国境内肯特山脉的最高峰。据历史记载，不儿罕山与成吉思汗的一生以及蒙古民族的历史关系源远流长。蒙古民族现存最早的编年体历史文献《蒙古秘史》在开卷中就提到"位于斡难河源头的不儿罕山……"成吉思汗统一蒙古各部落、建立蒙古汗国的过程中，无数跌宕起伏的重大历史事件都与不儿罕山相关，并在其周围上演。不儿罕山也因此成为世界各地蒙古学家和游客探访的"圣地"。

蒙古国众多学者、专家和民众以及相关组织早已呼吁为不儿罕山申遗，以便更好地保护这座与蒙古族历史息息相关的山脉，使其永葆原始风貌。20世纪90年代，蒙古国恢复了对不儿罕山的国祭。

——中国文化报 2010 年 09 月 30 日

圣山不儿罕山 哈布尔画

✿【延伸阅读】
长达七十年的时间里，"成吉思汗"在蒙古国成了不能提起的名字

走出达达勒苏木镇中心，向东二公里，我来到一个叫作三湖度假村的地方，这里有一座非常漂亮的成吉思汗纪念碑。围绕着这座纪念碑，有一段引人深思的故事。

1924年蒙古建国后，很快被苏联全面控制。为了遏制蒙古人的民族自豪感，苏联把成吉思汗当成了一个重要的打击目标。在苏联政府的压力下，蒙古与苏联口径保持一致，成吉思汗被划定为"反动封建势力""野蛮暴君"，关于他的研究自然完全中止。70 年的时间里，成吉思汗是一个在蒙古国不能提起的名字，与他有关的纪念性场所，大多数被销毁，从境外带入的与他

蒙古国 1962 年树立的成吉思汗纪念碑

有关的材料，属于非法物品，在海关全部没收。

　　20 世纪 60 年代初期，苏联国内出现了短时间政治自由化，蒙古正好也在这时候加入了联合国，这些事件使得蒙古政府中的一些大胆人士，发起了纪念成吉思汗的活动。在成吉思汗诞辰 800 周年的 1962 年，蒙古共产党中央政治局委员，政府二号人物铁木耳·奥其尔组织修建了三湖度假村的纪念碑，修建纪念碑的同时，还发行了一套纪念邮票。

　　苏联的政治自由化不久流产，苏联当局发觉了蒙古纪念成吉思汗的活动，随之以对党的方针不忠实的罪名，撤销了铁木耳·奥其尔的党政职务，将他流放到库苏古尔湖以北西伯利亚边界地区。1985 年，不明凶手在铁木耳·奥其尔的流放地用斧头将其杀害。所有其他参与设计建造这座纪念碑的人员，全都或被捕或流放，直到今天，一些当事人仍然下落不明。然而出于无法解释的原因，纪念碑本身，却得以保留下来。

　　当我到纪念碑前的时候，还不到上午九点。纪念碑坐落在度假村的空地上，前方几十米外是一个大湖，湖中可以看到水鸟；后方是一片树林，林中掩映着圆木搭就的供游客住宿的木刻楞。达达勒苏木只有很少一些蒙古包，多数居民都住在这种木刻楞里，给人留下与自然交融返朴归真的画面。

　　白色的纪念碑呈三角形，高 15 米，正面用粗犷的线条，刻下了成吉思汗威武的立像。成吉思汗是生活在 13 世纪的人物，没有留下同时代准确的画像，只留下了一幅他去世后，宫廷画师凭记忆绘制的肖像。原作肖像画把成吉思汗绘成了一个和善老人，形态像个中国皇帝。因为它是唯一流传下来的成吉思汗画像，因此后世所有与他形像有关的作品，都仿照那副画像。那幅画的原本现藏于中国台北故宫博物院。

　　与常见的成吉思汗画像比较，纪念碑上的成吉思汗显得苍老一些，更威严一些。纪念碑的左上方，刻下的是一面苏勒德战旗，成吉思汗统率蒙古军队的标志。据说苏勒德是长生天特别赐予成吉思汗，保佑他战无不胜的神物。纪念碑前，矗立着小型实物苏勒德，被固定在一个小小敖包上。

　　——摘自《一个不错的蒙古国游记》发表于 2008-11-24

❀【延伸阅读】公开祭拜成吉思汗曾被禁止

今天来蒙古国旅游的人很难想象，在20世纪很长一段时间里，蒙古人民其实是无法公开祭拜成吉思汗的。

1921年苏赫巴托尔和乔巴山等人在苏维埃俄国的帮助下创建了蒙古人民党（后改名"蒙古人民革命党"），并奉蒙古活佛哲布尊丹巴八世为皇帝，成立了君主立宪的政权。1924年11月成立蒙古人民共和国。此后60多年，蒙古一直处于苏联影响下，蒙古人不但不能视成吉思汗为民族英雄，还被禁止在任何场所悬挂成吉思汗的画像，成吉思汗在这段时期被当成是蒙古统治阶级对亚洲和欧洲各国侵略的代表。部分蒙古的官员和学者因为公开纪念成吉思汗或发表歌颂成吉思汗的讲话而遭到清算。这种状况直到1990年才结束。（白天天）

❀【延伸阅读】第二次世界大战以后
蒙古国的成吉思汗研究具有了政治化的倾向

14世纪波斯画

据蒙古国科学院院士、著名历史学家策·达赉介绍，第二次世界大战以后，蒙古国的历史研究具有了政治化的倾向。蒙古历史的全过程，均要以马克思列宁主义的理论为评价的依据。并且对历史采取了薄古厚今的态度。而且在评价蒙古历史著述时，不时冒出具有煽动民族主义倾向的鼓噪。特别是针对出现歌颂成吉思汗事迹的情况，蒙古人民革命党中央政治局及时做出了与该倾向做斗争的几项决议。如蒙古人民革命党中央委员会于1949年10月27日做出了"关于学校中蒙古历史、文学课教授情况"的决议。决议中明确指出：不许歌颂和赞扬成吉思汗的历史功绩。

1954年出版了蒙古人民共和国和苏联学者合著的单卷本《蒙古人民共和国通史》。该书中有关13世纪或成吉思汗建立的蒙古帝国的章节，是由苏联学者编写的。这并非是因蒙古的学者不知道成吉思汗的历史，而是唯恐他们歌颂成吉思汗所致。1960年开始撰写《蒙古人民共和国通史》三卷本，首次对成吉思汗在尽可能的限度内进行了肯定。书中指出，虽然成吉思汗建立蒙古帝国是进步行动，但是他的对外战争是侵略性的和残暴的。

❽【延伸阅读】1962 年蒙古国举行了成吉思汗诞辰 800 周年纪念活动，但均遭到了批评

1962 年，在一个有远见的党和国家领导人，以及一些学者的提议和组织下，在蒙古国平静地举行了成吉思汗诞辰 800 周年纪念活动。虽然纪念活动遇到了国内外的干扰和阻力，但仍在乌兰巴托召开了学术研讨会，并在古日班诺尔为成吉思汗竖立了纪念碑。历史学家 H·伊什扎木茨、建筑艺术家玛哈巴拉，以及成吉思汗的故乡人，肯特省达达拉苏木劳动人民发扬了勇敢精神，为成吉思汗纪念碑的树立做出了巨大贡献。在学术讨论会上，科学院院士沙·那楚克道尔吉作了关于成吉思汗的历史作用的主题报告。沙·毕拉、策·达赉等人作了副报告。沙·那楚克道尔吉院士还在《真理报》上发表了题为《纪念成吉思汗诞辰 800 周年》的长篇文章。这样，蒙古的历史学家首次大胆、如实地对成吉思汗的历史作用和贡献进行了高度评价。然而事过不久，这些作报告、写文章的学者和赋诗的作家，均遭到了蒙古人民革命党中央委员会的批评。

❽【延伸阅读】20 世纪 60 年代，蒙古国出现了好几位研究蒙古帝国历史和成吉思汗的学者

如沙·那楚克道尔吉院士分别撰写了《成吉思汗与其弟哈萨尔等人的矛盾》（乌兰巴托，1958 年）、《成吉思汗传》（乌兰巴托，1991 年）等书。《成吉思汗传》一书，首次正确而突出地论述了成吉思汗历史活动的真实情况，H·伊什扎木茨院士在他的著作《蒙古统一国家的建立与封建制的确立》（乌兰巴托，1974 年）中，对蒙古帝国的缔造者——成吉思汗的历史作用，从正反两个方面进行了评价。德·麦德尔博士著的《成吉思汗与蒙古帝国》一书，于 1990 年在乌兰巴托出版。策·达赉院士编著的《蒙古帝国（1206—1260）》一书，于 1996 年在乌兰巴托出版。该书如实地描述了成吉思汗的形象和事迹。1997 年在乌兰巴托还出版了 C·巴德木哈坦著的《成吉思汗长眠于此》一书。该书对成吉思汗的坟冢进行了考证，并介绍了蒙日联合考察队的考察情况。在乌兰巴托还出版了《成吉思汗地图》一书，该书描述了成吉思汗帝国的疆域，以及行军征战路线。

由科学院历史研究所主编的两卷本《蒙古通史》的第一卷现已付梓出版。该书是在蒙古处于变革图新和以新的方法研究祖国历史的背景下写就的。因而书中不乏许多新的观点和思想。近年来在蒙古国对成吉思汗的研究似乎大有发展的趋势。几年来出版了许多有关成吉思汗的书籍、小册子、论文和报刊，并涌现出许多学者。出版的书籍和刊物有：《简明成吉思汗辞典》《蒙古政治制度》《圣主成吉思汗的传说》《二十一幅画像》《成吉思汗战纪（1179—1206）》《成吉思汗的政治思想和军事谋略》《成吉思汗的教谕和遗训》，以及《成吉思汗之纛》杂志等。

蒙古画 拉·苏和巴特尔作

铁木真·成吉思汗出生地
——蒙古国肯特省达达勒苏木

【延伸阅读】蒙古国前总理阿·阿穆尔因歌颂了成吉思汗，被处以死刑

阿·阿穆尔总理

1934 年蒙古国出版了总理阿·阿穆尔撰写的《蒙古简史》。在序文中作者这样写道："蒙古人在成吉思汗时代征服了欧亚大陆，创造了震惊世界的历史。然而，后来，我们被置于强国的统治之下，我们祖辈统治过的民族现在反而统治我们。"在阿穆尔看来，成吉思汗西征是蒙古人历史上的一个壮举。"蒙古人只依靠少数的骑马军团便打败了强大的敌人，离开故乡数千公里，远征印度，翻越高加索山脉，到达黑海北部，将广阔的土地置于自己的统治之下，随后，安然返回故乡。此乃史无前例的伟业，将来也不可能有谁会做到，是一项永载人类史册的伟大创举。"

在作者眼里只有成吉思汗，才堪称蒙古人的典范，是民族独立的象征。"如果我们蒙古人能够满怀成吉思汗那样的勇气，那么，今天虽然我们实现不了成吉思汗创造的那样一种历史伟业，但至少我们可以在国际社会中决定自己国家的命运，获得能够保证本民族自由的那样一种地位。"

撰写该书的阿穆尔曾于 1928 至 1930 年、1936 至 1939 年两度出任蒙古国总理，是著名的政治家。1939 年在乔巴山的命令下被逮捕，1941 年送交苏联，被处以死刑。阿穆尔之后，接替其担任总理的是乔巴山。摘自日本学者二木博史著：《蒙古的历史与文化》，2003 年 12 月，内蒙古人民出版社。

——摘自《蒙古的历史与文化》

【延伸阅读】蒙古国曾经下令停止出售的成吉思汗邮票

1962 年未能发行的成吉思汗邮票

1962 年 7 月 19 日，蒙古国邮政当局以成吉思汗诞生 800 周年为题，特制纪念邮票一组，全套 4 枚，均采用蒙古"国宝"为图案。分别为现藏于蒙古中央博物馆的"国旗"，圣旨金银牌，俄罗斯圣彼得堡之成吉思汗纪念碑以及台湾故宫博物院之成吉思汗圣像为图案。此次邮票的发行，是蒙古执政当局纪念成吉思汗诞生 800 周年一系列纪念活动的一部分。由于纪念活动本身严重冲击到苏

成吉思汗崇拜在蒙古国重新恢复

联统治蒙古的政治基础，因此，所有纪念活动在苏联的强力干预下均被迫中止，包括所有纪念邮票立即停止出售和使用，目前可以看到的新邮票均是出口到国外的新票，盖销票和纪念封，真实的实寄封并不容易找到。90年代苏联瓦解之后，蒙古逐渐摆脱对于俄罗斯的政治依附和影响，本组邮票也终于解禁，并多次加盖后发行，时间跨度接近30年，在世界邮票史上也属罕见。图片中贴全套票者为当时蒙古邮政制作的首日封。

清朝规定
凡帝驾崩全国人民都应戴孝
唯达尔扈特可免

铁木雕塑

中国台湾蒙古文化协会刊物《蒙古文化通讯》1986年第7期38页记载："达尔扈特是遵循忽必烈汗降旨的规定，守护供奉陵寝，对成吉思汗守常孝的人，其他任何皇帝驾崩的时候，不参与追悼。因为他们是给成吉思汗守常孝的人，所以绝对不可戴有顶戴的帽子，不可做官，不可以掌印，也不可以开衙断事，对这些礼俗，达尔扈特人一直在坚守。"

在《绥蒙辑要》一书中记载："清朝规定，凡帝驾崩，全国人民都应戴孝，唯达尔扈特可免。"据达尔扈特长者说：清朝顺治皇帝驾崩，全国举丧，可是我们达尔扈特，还按照忽必烈汗的指示办事。清朝的巡查官员知道后，追问是何原因。达尔扈特立

成吉思汗家族图

即前去北京，向皇帝的禀告衙门汇报说：我们是遵照忽必烈汗的命令，祭奉蒙古人的祖先成吉思汗的英灵，给他守常孝的人。根据先皇忽必烈的指示，我们不可以守重孝。达尔扈特自忽必烈汗时代起也不给其他蒙古皇帝戴孝，如果戴孝，就是对我们的圣主成吉思汗的英灵做了错事，蒙古各部征调我们来给成吉思汗守常孝就成了空话，全体蒙古人要向达尔扈特问罪的，会把我们达尔扈特统统取消。按照蒙古人的规矩，宁肯服从先皇的命令而死，不可违背先皇的旨意而生，所以我们达尔扈特即使全体覆灭，也不能违犯忽必烈汗的旨意。清廷禀告衙门的官员们听了后，为尊重蒙古人的礼法、习俗、孝道，对达尔扈特说，你们是自古以来守常孝的人，不可带重孝。因此就有了理藩院传下文告，把达尔扈特不戴重孝的礼法，以法律加以保护。成吉思汗陵寝与祭奠，在清朝受到的尊重，由此可见一斑。

——据《守常孝的达尔扈特》记载

乌兰夫是唯一打开
成吉思汗"棺木"的人

纳·仁钦复原画品

抗日战争期间，国共两党担心成吉思汗陵会落入侵华的日本军队之手，于是做出了一个大胆的决定，即把成吉思汗的陵寝，从成陵搬出。1939年成陵由伊金霍洛经榆林、延安，迁至甘肃省榆中县安放在大佛殿。1949年夏又迁至青海省，安放于塔尔寺。直到1954年农历三月二十一日前，又从塔尔寺迁回到伊金霍洛旗安放。

20世纪50年代初，乌兰夫曾经来拜谒成陵。乌兰夫对看门人说，他有一个请求不知道说出来合不合适。看门人说，有什么您就说吧！乌兰夫迟疑了片刻说，我想打开棺木看一看，不知道行不行。看门人也迟疑了一下，最后说："您当然可以看！因为您就是今天蒙古人的汗！"

这样，摒去左右，乌兰夫走进了停放棺木的那间密室。停放在成吉思汗陵密室里的棺木中，到底是装殓着大汗本人的遗骸呢，还是只是一个衣冠冢，或者是像民间传说的那样，放着成吉思汗的两个马镫，一直是一个谜。

那么，乌兰夫在打开棺木以后，看到了什么呢？是真身吗？看门人说，乌兰夫在走出密室之后，神色严肃。他也问了这个问题，但是，乌兰夫什么也没有说，而他，也就不敢再问了。

乌兰夫是这个世界上，唯一有理由打开和曾经打开过这棺木的人，如今，随着他的作古，这个秘密则还作为秘密继续存在着。

——《河南商报》

中国出现了成吉思汗文化热

进入新世纪以来，成吉思汗文化热了起来，它从内蒙古生发出来，十分强劲迅疾地向全国乃至国外激荡开来，有人称之为"成吉思汗文化旋风"。首先是从影视开先河，内蒙古电影制片厂率先拍摄了电影《成吉思汗》，在国内上映，获得好评，得了多项大奖，角逐最佳外语片奖。紧随其后的是成吉思汗酒业集团投巨资拍摄了我国首部以成吉思汗

为题材的 30 集电视连续剧《成吉思汗》，由中央电视台黄金强档播出，反响强烈。内蒙古自治区首府呼和浩特新建的一条街命名为"成吉思汗大街"，开了以成吉思汗命名街道的先例。据了解，截止到 2003 年底，以成吉思汗为名的商标全部被抢注，从呼和浩特一直传播到全国各地。人们渐渐认识到，成吉思汗这个品牌不只是内蒙古的，也是中华民族的，更是世界的。像一块硕大的吸铁石，极大地吸引着中国乃至世界，许多学者把他当作"富金矿"纷纷加以挖掘开采。新世纪刮起如此强烈的成吉思汗旋风，在历史上是前所未有的，这反映出我们国家走向世界，走向更为宏阔的改革开放的大环境是前所未有的宽松和健康。以往，许许多多社会的、民族的、政治的、历史的、艺术的禁忌已经消除，文学艺术和企业文化的人文追求不再有那么多的束缚和清规戒律，人文精神与经济发展、国民素质的培育提高正在出现良性互动。

这充分说明，中国人正在认识成吉思汗。企业家对成吉思汗文化的情有独钟，是新世纪成吉思汗文化的新特点。我国加入世贸组织后，企业的经营战略更多地受到国际竞争的制约，这种中外互动与竞争将是一种趋势。这种态势蕴涵着跨国公司地区化和中国公司国际化。我国企业家清醒地意识到这一点，发掘优势，形成核心竞争力，积极参与新规则下的全球性竞争。成吉思汗酒业集团就抓住了成吉思汗这一内蒙古特有的品牌而发掘优势，以祖先之名打造品牌，有力地推动了品牌系统工程的建设。

成吉思汗文化是蒙古族和中华民族的文化精粹，成吉思汗品牌文化底蕴极为深厚，它承载着丰富的历史文化。（李悦 等）

✳ 中国学者首提"成吉思汗文化"概念
称其与孔子齐名

坐落在乌兰浩特成吉思汗庙广场上的成吉思汗雕像

新华网呼和浩特10月7日电（李泽兵 任君）中国学者近日首次提出"成吉思汗文化"的新概念，并称其与孔子文化、老子文化、周易文化一样，是中国具有世界意义的经典文化。在近日举行的鄂尔多斯文化学术研讨会上，许多学者认为，站在国际化、全球化的历史角度上看，成吉思汗对世界和历史的影响持续至今。成吉思汗一生建立了两大历史功绩：一是统一蒙古各部，促进了蒙古族的形成；二是成吉思汗及其子孙建立的蒙元帝国打破了中西方的隔绝，为中华文明走向世界做出了重要贡献。（网易历史）

宁夏大学校长陈育宁和宁夏大学副教授杨满忠等学者提出，"成吉思汗文化"的内涵有两方面：一是成吉思汗时代巨大的历史变革所产生的各种文化现象，包括思想观念、社会制度、科学技术、宗教艺术、典籍文字、民俗习惯等；二是对这些文化现象的传承、研究以及由此而对成吉思汗的崇拜和祭祀等。

陈育宁等学者认为，孔子文化、老子文化、周易文化等中国传统文化，以哲学思想见长，是伟大思想家的产品。而"成吉思汗文化"是成吉思汗的哲学、政治、军事、法制、宗教、文化、礼俗思想等为一体的综合产品，是在继承和超越了蒙古族传统游牧文化精华的基础上，广泛吸收中原封建文化和其他民族优秀文化的基础上形成的。从成吉思汗时代开始，世界上对这位历史伟人的关注和研究始终不断，产生了诸如《蒙古秘史》《世界征服者史》《史集》等影响世界的重要著作。

中国学者称，"成吉思汗文化"这一命题将有助于加深世人对草原文化深刻内涵的理解，有助于推动中华传统文化的全面研究。（网易历史）

——来自新华网报道 2006-10-08

✕ 作家苏赫巴鲁出版七种不同版本的10部《成吉思汗传》

作家苏赫巴鲁

学者波·少布撰文写道：吉林省蒙古族作家苏赫巴鲁经过二三十年的创作，在大陆、台湾前前后后出版过七种不同版本的10部《成吉思汗传》系列文学著作。即：中国民间文艺出版社《成吉思汗的故事》、吉林人民出版社《成吉思汗》上卷、北京妇女儿童出版社《成吉思汗传说》上下两卷本、《大漠神雕——成吉思汗传》修订一卷本、民族出版社《戈壁之鹰》蒙古文版本、台湾云龙出版社《成吉思汗传·一统蒙古》《成吉思汗传·开疆拓土》、台湾知书房出版社"顶尖人物"《铁木真》"顶尖人物"《成吉思汗》等。荣获首届世界蒙古文学作家大会"成吉思汗银牌"特别奖。

苏赫巴鲁先生也是电影巨片《成吉思汗》（由内蒙古电影制片厂摄制）的剧本作者之一。1996年与日本电视广播网公司协力合作完成了电视专题文献纪实片《世界征服王传说》。

✕ 朱耀廷教授把一生献给了成吉思汗的专题研究

朱耀廷教授

朱耀廷生于1944年，是一名史学工作者，早在大学（北京大学历史系）时代就非常崇拜成吉思汗。"文革"以后，他回北大进修，主修了著名史学家蔡美彪先生的《辽金元史专题课》，进一步引起了对成吉思汗的兴趣，从此开始了对成吉思汗的专题研究。到1991年初，在12年时间内他先后写作出版了通俗历史人物传记《成吉思汗传》，学术专著《成吉思汗全传》和电视连续剧文学剧本《一代天骄》。后来与著名编剧俞智先先生合作，经过八易其稿，终于完成了电视连续剧《成吉思汗》的写作任务。2000年上半年，此剧经王文杰导演制导，已经摄制成功。2004年由中央电视台热播，引起轰动，随之国内出现了成吉思汗热。

为了满足广大观众和读者的要求，他参考《成吉思汗全传》《成吉思汗传》电视文学剧本《一代天骄》《成吉思汗》等，改写了一部长篇历史小说《成吉思汗》。将历史人物传记改编成电视连续剧，再改编成长篇历史小说，这是一个很有意义的尝试：它将历史的学术研究与文化娱乐及社会经济效益结合起来，为历史学开辟了一条新途径，也不失为提高电视剧质量的一个有益的探索。

朱耀廷为元明史学家，曾任北京联合大学应用文理学院历史系专门史学科带头人，中国传统文化研究所所长。

❋ 中国营销专家号召：向成吉思汗学管理

著名职业经理人、营销专家姚少文先生撰写《成吉思汗兵法与现代营销商战》一文。该文从精神力、品牌力、速度力、信息力、执行力等五个部分对成吉思汗兵法与现代营销商战作了对比研究。

他认为，成吉思汗品牌的核心价值有三点：

（1）胜利之神

成吉思汗是真正的战神，一生进行60多次战争，除十三翼之战主动撤退外，没一次失败。

他利用攻心战作为一种威力十足的"无形武器"。在进攻那个城池之前，总要先提醒该城池想一想那些曾抵抗过大汗的城池得到的可怕下场。成吉思汗的使者会警告说"要么投降，要么死亡！"。通过得心应手的宣传，和积小胜为大胜的实践，在对手和自己兵士心中传播成吉思汗必胜的形象。"不战而屈人之兵"，战神品牌的打造和传播，成为成吉思汗攻城掠地兵法的上策。

（2）诚信

成吉思汗称汗的23年前，曾被泰亦赤兀惕人俘虏，脱逃后一个奴隶之女合答安把他藏在羊毛堆中才得以幸免于难。为报答救命之恩，成吉思汗发誓要娶她；23年后成吉思汗灭了泰亦赤兀惕部，果然兑现诺言，娶合答安为第四斡儿朵皇后。

那顺孟和画

（3）员工忠诚度

现代营销的一个重要观点是忠诚度建设（CL），但讲得多的是顾客忠诚度。成吉思汗封的将帅没有一个背叛他的，都是效忠终生，他也是唯一没有杀过一个将领和功臣的帝王。他的人才观是：

A、赛马不相马：成吉思汗打破等级和民族界限，大胆破格录用人才。如"四骏"（木华黎、博尔术、赤老温、博尔忽）、"四狗"（者勒蔑、哲别、速不台、忽必来）都是门户奴隶或平民出身，哲别甚至在归顺之前的战争中射伤过成吉思汗。正是海纳百川的气度，招来金国的耶律楚才、乃蛮部的塔塔统阿、畏兀儿的镇海、汉族的丘处机道长等不同民族的人才汇集帐下。

B、论功行赏，充分授权：成吉思汗称汗时，根据战功一举分封95个千户，指定其中4个为万户，百户无数。古代的帝王往往对功臣"杯酒释兵权"。但成吉思汗对将帅确充分授权，明示除自己认识的人需送到其帐下核实处理外，将帅、那颜拥有自主处决权和决策权。

C、团队精神、民主意识：成吉思汗对士兵关怀备至，明示将帅不得无谓牺牲一个士卒，不得遗弃一个伤员和烈士。成吉思汗的团队精神还体现在民主意识。凡遇重大决策，都要召开"忽里勒台"决策。（姚少文）

——摘自《成吉思汗兵法与现代营销商战》2004年10月3日

❀ 中国台北故宫举办画展
纪念成吉思汗诞辰 850 周年

中国台湾网 2013 年 1 月 6 日消息　为纪念成吉思汗诞辰 850 周年，中国台北故宫 1 月 6 日起举办"造型与美感——中国绘画选粹"展，展出"元太祖像""元世祖像"等 5 幅画作真迹。

据中国台湾"中央社"报道，中国台北故宫博物院典藏着举世弥珍的蒙古族英雄成吉思汗铁木真的画像真迹。为纪念成吉思汗诞辰 850 周年，中国台北故宫今天起举办"造型与美感——中国绘画选粹"展，展出"元太祖像""元世祖像""元文宗像""元世祖后、顺宗后""元武帝后仁宗后"等 5 幅中国元代帝王画像。此外，中国台北故宫珍藏的中国元代帝、后相册中，有帝像 8 幅、后像 15 幅，2 册均为北京紫禁城南熏殿之旧藏。册中肖像应是元代宫廷画家奉命绘制的小型御容，以精细线条描绘眉目鬓须，以细腻淡染着色眼窝，烘托出饱满浑圆的蒙古贵族形象。据报道，本次"造型与美感——中国绘画选粹"展，即日起至 3 月 25 日在中国台北故宫正馆举办。

——中国台湾网 何建峰

❀ 世界最高成吉思汗铜像落户吉林松原

2012 年 6 月 25 日，松原市江南成吉思汗民族文化园内，一座高达 22 米成吉思汗雕像在松原市前郭县落成。据了解，该雕像是目前世界上最高的成吉思汗站立雕像，将成为松原市前郭县的标志性建筑。

25 日 11 时许，在松原市前郭县成吉思汗民族文化园内，22 米高的成吉思汗站立雕像矗立在公园中间落成。成吉思汗雕像主要材料为青铜，由北京金泰集团捐赠的 160 吨青铜浇铸而成。

成吉思汗雕像为站立雕像，高度为 22 米，宽度约为 4 米。"成吉思汗"左手向前招手，右手握宝剑。据工作人员介绍，该雕像是目前世界上最高的成吉思汗站立雕像。虽然世界各地有很多高大成吉思汗的雕像，但基本都是骑着马的，这座雕像在成吉思汗站立雕像中为最高，是松原市前郭县的标志性建筑。

——来自凤凰资讯

坐落在松原市成吉思汗文化园的成吉思汗铜像

中国依法禁止使用成吉思汗名称和肖像作产品商标

蒙古国邮票

认真研究了以"成吉思汗"作为商标注册的问题，依法决定"成吉思汗"在一些商品和服务上不得作为商标注册和使用。据悉，目前该局受理和注册的"成吉思汗"商标不下一百多个。

近日国家工商行政管理总局商标局依法决定"成吉思汗"在一些商品和服务上不得作为商标注册和使用，商标局权威人士指出"成吉思汗"是古代蒙古首领、军事家和政治家，在中国乃至世界历史上都是一位具有极大影响的杰出人物。

将"成吉思汗"在动物肥料、宠物用香波、消毒剂、澡盆、蒸气浴室等商标商品和服务上作为商标注册和使用具有不良影响。再者，商业促销恶搞成风，既是对历史人物的不尊重，也严重伤害了公众的民族感情。

我国《商标法》第十条第一款第（八）项明确规定，"有害于社会主义道德风尚或者有其他不良影响的"标志不得作为商标使用。也就是说，对于"有害于社会主义道德风尚或者有其他不良影响的"可视性标志，不仅不得作为商标获得注册，而且不得作为商标使用。

对存在上述情况的"成吉思汗"商标已提出注册申请的，商标局将依法予以驳回，已核准注册的，商标局将依法予以撤销。

（2016.1.1）

【延伸阅读】
在中国"成吉思汗"商标曾经全部被注册

据了解，截至 2003 年底，以"成吉思汗"名字作为商标已在 45 个商品和服务类别全部被多家企业注册（其中商品类别 34 类，服务类别 11 个）。内蒙古有几家企业注册了 7 个类别。大连一家企业分别注册了 38 个类别，另外还有山东济南、陕西榆林、天津等外地企业注册了个别类别。很可惜，虽然早在 1979 年我区曾经在第 22 类酒类商品上注册了"成吉思汗"商标，并一直使用至今。但是由于我区经济还处于欠发达地区，商标注册意识较薄弱，企业产品单一，注册商标意识没有战略眼光，使得我区较多类似"成吉思汗"商标这样本身具有很深民族文化底蕴的品牌，被区外企业注册，这实质上是巨大无形资产的流失。丢掉了"成吉思汗"商标就相当于丢失了我区巨大的无形财富。

——据内蒙古智诚知识产权代理有限公司介绍

❈ 在美国发现大批蒙古学珍贵文献

内蒙古成吉思汗与蒙古学文献调研组走访海西希藏书馆

2011 年 4 月，应美国国会图书馆邀请，内蒙古成吉思汗与蒙古学文献调研组赴美考察，发现了很多价值颇高的蒙古学图书文献。在美国国会图书馆，世界各种语种的图书都集中在这里，其中藏文、满文、蒙古文资料比较多，蒙古学图书文献达 1 万多种，而蒙古文图书的收藏量就有 2000 多部，其中乾隆朱批的蒙古文手抄本《清实录》，因为是孤版本特别珍贵。

美国各大学的图书馆很多，且门类俱全。西华盛顿大学东亚学研究中心，内设蒙古学研究组，收藏大量的蒙古学书籍和文献，大约共计 6100 种，包括布利亚特、卡尔梅克、卫拉特、达斡尔、东乡、恩格尔（东部裕固）和其他蒙古族群体。还订阅有 25 种定期蒙古学刊物，以及大约 15 种非定期蒙古学刊物。印第安纳大学（Indiana University）是美国蒙古学研究领域最著名的学府之一，其中心图书馆收藏蒙古学书籍 1 万余册。哈佛大学（Harvard University）有 20 个图书馆，就燕京书社收藏 1 万余册蒙古学图书。这里珍藏着 1720 年原版蒙古文《大藏经》（108 卷）。已故哈佛大学柯立夫（F. W. Cleaves）教授是大收藏家，他手里有一本《大乘经》，是清朝初期的，特别珍贵。柯立夫的私人藏书处蒙古文书籍也相当多。20 世纪 20—40 年代北京蒙文书社出版的蒙古文书籍，柯立夫几乎一本不漏地均有收藏；其他蒙古文书籍估计也很多，有待进一步调查整理。另外，柯立夫藏有大量与蒙古史有关的汉文线装书，其中不乏善本。位于新泽西的普林斯顿大学有 10 多个图书馆，据该校东亚图书馆的马泰来博士介绍，本馆收藏着 1 万多册有关蒙古学图书。

内蒙古大学图书馆文献学专家德力格尔教授说，在美国蒙古学方面的图书至少有 10 万部，涉及到多个文种。而在美国的 10 万部蒙古学文献图书中，有关成吉思汗的图书就占一半以上。

——来自《蒙古学与信息研究》（2011-10-11）

成吉思汗铜像已成为呼和浩特文化新地标

坐落在呼和浩特市成吉思汗广场上的成吉思汗雕像

坐落在呼和浩特成吉思汗广场的成吉思汗“手握马鞭、指点江山”的骑马铸铜像已成为呼和浩特标志性建筑。铜像加基座总高36米，其中雕塑高14米，重30吨，由青铜铸成。雕塑坐西朝东，威武庄严，展示了成吉思汗戎马一生、非凡战绩、运筹帷幄、大治天下的丰功伟绩。该雕像是由蒙古族收藏家斯琴塔娜女士捐赠，中国著名雕塑家曾成钢先生创作的。雕塑基座四角配置的“龙、虎、狮、鹰”四玺，寓意成吉思汗是伟大的“思想家、战略家、军事家、政治家”。铜像的正前方设置了由牛角演变而来的6座金塔（每座高9米），蕴涵着后来者居上。6个牛角金塔代表着内蒙古六十年光辉历程，表达出内蒙古经济社会的发展将后来居上，祝福内蒙古自治区未来更加辉煌。

呼伦贝尔成吉思汗广场讲述着成吉思汗的传奇

坐落在海拉尔市成吉思汗广场上的成吉思汗雕像

呼伦贝尔市成吉思汗广场，是内蒙古自治区境内最大的广场，充分再现了成吉思汗光辉荣耀的一生。主要景点巴彦额尔敦敖包，位居广场中心，景区立意凝重弘远，布局恢宏大器。南侧，建有“蒙元帝国疆域图”广场；西侧，是高2.5米、总长85米的《成吉思汗与呼伦贝尔》汉白玉历史浮雕组像图；西南碑林中，铭刻着马克思、拿破仑等十几位伟人对成吉思汗的赞誉之辞，均是摘自《千年风云第一人——世界名人眼中的成吉思汗》一书（巴拉吉尼玛、额尔敦扎布、张继霞编著）。西北200余米处，即是成吉思汗与其弟哈萨尔、四骏四獒等九员猛将并驾齐驰的以《征》为题的巨大铜塑人物群雕。它们共同构成广场核心景区，并与广场西南部《铁木真迎亲》铜塑组雕，广场最北侧矗立高耸的“查干苏勒德”、屋檐柱上振翅欲飞的“海东青”遥相辉映。

对成吉思汗，我们是从中学课本上的一篇《沁园春·雪》中知道的，那时对他的印象是“只识弯弓射大雕”。可到了该广场才知道，内蒙古人民对他的尊重，他的功劳不可磨灭，连马克思等这么多名人都对他题了词，其内容刻在石头上：戎马倥偬，征战终生，统一了蒙古，为统一中国而战，为征服世界，祖孙三代鏖战六七十年，其后征服民族七百二十部。看了让我也对他肃然起敬。

——《游记》，凌凌

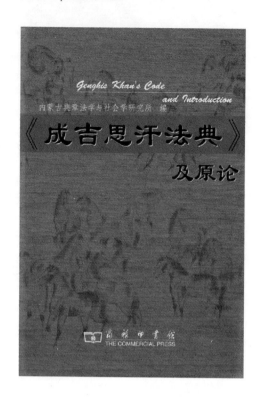

❀ 失传 600 余年《成吉思汗法典》重与世人见面

由成吉思汗亲自拟定或认定、颁布于公元 1206 年的《成吉思汗法典》，近日重新与世人见面。该书由内蒙古典章法学与社会学研究所写作完成，由商务印书馆出版发行。

此书的内容包括中英文版《成吉思汗法典》及其解读。

据了解，《成吉思汗法典》古本在元末明初毁于战乱，失传 600 余年，其内容散落于众多史料之中。由于史料文献不但多、杂且涉及英文、古体蒙古文、现代蒙古文、汉文等 8 种文字，故研究难度很大。

作为专门研究蒙古民族法制史学的科研机构，内蒙古典章法学与社会学研究所先后研读 1200 余篇相关的论文和文章，在重点研究《蒙古秘史》《史集》《马可·波罗行记》等诸多历史文献的基础上还原了《成吉思汗法典》。

据介绍，《成吉思汗法典》中建立了以民主为基础的行政权与司法权两权分立的共和政体、以两权制约为基础的判例法制度、极具包容度的宗教信仰自由制度等在当时社会甚至在现代社会看

恩和创作

来仍有先进性的一系列科学的社会管理法律制度。法典中还有最
严厉的保护草原等自然资源的法律规范、保护野生动物的法律规
范等具有一定先进性的行为规范。（哈敦高勒）

——蒙古天骄吧 2015-11-13

❀《成吉思汗》巨幅油画，
真实地表现了千年风云第一人的精神风貌

　　著名油画家美术家恩和创作的"巨幅油画成吉思汗"，是唯
一一幅表现成吉思汗中年时期的油画作品。该画突出了令人震撼
的世界第一帝王形象，综合体现了成吉思汗鼎盛时期的智谋与财
富。诠释了成吉思汗在我们心中的真正的英雄气概和精神状态。
这种"力拔山兮气盖世"的气势，真实地展现了千年风云第一人
的精神风貌，充分反映了帝王（英雄）正要出征，又似乎是凯旋
而归那一瞬间的气势。

屹立在
乌兰浩特市
中心的元代圣旨
金牌

❀ 元代圣旨金牌亮相内蒙古大学民族博物馆

被社会广泛关注的"元代圣旨金牌"在内蒙古大学民族博物馆首度亮相。

据该馆馆长贺其叶勒图介绍：圣旨金牌呈圆角长方形片状，牌子的上端有圆形穿孔，重350克，质地属于金银合金，长25.7厘米、宽8厘米、厚约0.1厘米，牌子背面圆穿孔上嵌刻"张字九十六号"六个汉字，牌子正面三行、反面两行八思巴文字，意为"至高无上的大元皇帝喻在长生天的面前发誓，谁若不从问罪处死"。

元代八思巴文字圣旨金牌，1998年在内蒙古兴安盟境内发现。2000年，经过几番周折，经宝音图先生交给研究八思巴文字专家、时任内蒙古大学副校长的包祥教授鉴定。经过协商，以5万元收购。后无偿赠予内蒙古大学民族博物馆。

这块圣旨金牌实际上是元朝皇帝给传达圣旨的人的信物。有关专家认为，此次发现为研究蒙元历史和蒙古民族历史文化提供了重要资料。

——来自中国新闻网 2012年10月30日

❀ 蒙古文书法长卷《千年风云第一人》荣获"大世界基尼斯之最"

蒙古文版《千年风云第一人——世界名人眼中的成吉思汗》（塔木苏荣译）书法长卷，2014年被收入《大世界吉尼斯纪录》。长卷装裱后长266米，宽80公分，采用蒙古文正楷，字体工整，大小匀称，全篇20万字，由通辽市科左后旗蒙古文书法家色音那木拉历时两年半创作完成。

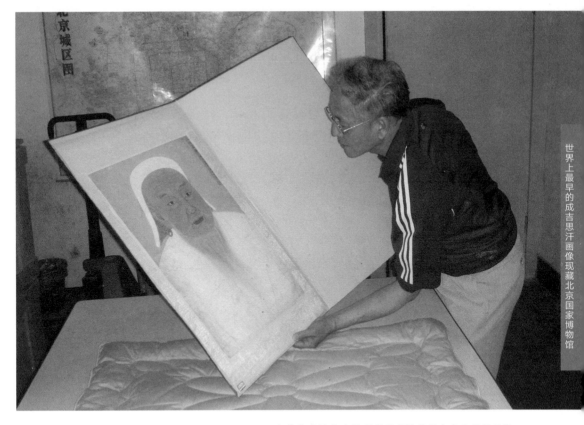

世界上最早的成吉思汗画像现藏北京国家博物馆

本书作者巴拉吉尼玛零距离接触国宝成吉思汗画像

世界上最早的成吉思汗画像现藏北京国家博物馆

　　当前，成吉思汗画像只有两幅，一幅在北京国家博物馆，另一幅在中国台北故宫博物院。据当代鉴藏大家史树青先生（曾任国家文物鉴定委员会副主任委员、中国收藏家协会会长等职务）考证，现存北京国家博物馆的成吉思汗画像是元代的作品，是最早的成吉思汗画像，国家一级文物。现存中国台北故宫博物院的成吉思汗画像是明代临摹作品。这两幅画像除年龄略有差异外，并没有太大区别。

　　元太祖成吉思汗的画像，纵 58.3 厘米，横 40.8 厘米，白笺纸地，淡设色半身像。头戴外白内黑的皮冠（貂皮暖帽），身着浅米色毛绒衫（或毛缎），面赭赤，连鬓胡须，黑白相间，额前有发微露，左右分披，冠下耳后垂鬌。画像左上签题："太祖皇帝即成吉思罕讳帖木真。"

据史树青先生介绍，这幅画是于 1953 年从他小学同学崔月荣家中发现的，崔的丈夫叫陈仁恪，其父亲名陈宧，先后任北京政府参谋部参谋次长。据陈仁恪介绍，这幅画像是他父亲任参谋部次长期间（大约 1912 年）到蒙古地区视察时，一位蒙古王爷赠送的。1962 年年初，由文化部组织的书画家鉴定小组，派专家张珩、谢稚柳、韩慎先、启功诸同志到中国历史博物馆进行书画鉴定，专家们一致认为从这幅画像的纸地、墨色、人物形象、题签文字和用笔等方面考察，断定它是一幅元人的作品。明人摹绘《元代帝像册》时所根据的底本虽然未必是它，但应该是与它相同的一幅元代画像。它也不一定是元太祖生前所绘，但距太祖逝世不会太远，可以说是一幅晚年的画像了。很可能就是《元史·祭祀志》所说的和礼霍孙的作品。因而推测，这幅画像应为元末蒙古贵族退出大都时被携出，后来，陈宧又从蒙古地区某王府得来。

（本书作者整理，2005 年 10 月 16 日于北京）

我国学者经考证
成吉思汗的生日为
公元 1162 年 5 月 31 日

最近，我国精通天文历法的天文学家依据科学程序认真推算，定论一代天骄成吉思汗的生日为公元 1162 年 5 月 31 日。

关于成吉思汗的生年早就有了明确的结论，我国王国维、邵循正、周清澍等著名历史学家根据《元史》和可靠的其他各种原始史料，反复考证，最后拿出了毋庸质疑的一致意见，他的生年为壬午年，即公元 1162 年。但他的生月生日迄今一直是个谜，谁也没能拿出准确的意见。

不过，蒙古族史学家、星算家和民间中普遍流传下来的有一种较可靠的说法，认为成吉思汗生于水马年（壬午年）夏季首月十六望日，这是农历。中国科学院国家天文台，经过严格对照推算，敲定成吉思汗的生月生日为公历 5 月 31 日。推算者朱进博士是我国蒙古族著名科学家明安图星的发现者，现任中国科学院国家天文台研究员、国际天文学联合会小天体提名委员会委员、北京天文馆馆长。他告诉，农历壬午年四月十六日就是公历 1162 年 5 月 31 日，这是准确的，确信无疑的。

意大利文《成吉思汗传》

内蒙古成吉思汗文献博物馆创始人、馆长巴拉吉尼玛、张继霞

内蒙古人
专藏成吉思汗图书文献
其数量创造了"世界之最"

　　据《内蒙古日报》报道：2013 年内蒙古创建了世界上第一个也是迄今唯一的一座以成吉思汗图书文献为专题的民办博物馆——内蒙古成吉思汗文献博物馆。

　　这个博物馆面积虽然不大，但这里收藏着世界上最多的有关成吉思汗的图书文献（图片）。图书总量超 10000 册，类别达 5000 种，涉及 50 多个国家和地区（名单附后）以及 50 多种语言文字，其专题收藏量创造了"世界之最"。

　　成吉思汗图书文献不仅数量大，而且特点十分突出：

　　1、珍稀性。各种古旧版本，包括孤版本、善本和线装本，达 400 多册。

2、世界性。这里收藏 58 个国家和地区的图书文献。以英文为主的西文版 1000 多册；日文版约 700 册；基里尔蒙古文版约 700 册；阿拉伯文版约 100 册。还有一些孟加拉、印度、以色列、斯里兰卡、越南、黎巴嫩、约旦、克罗地亚、匈牙利等少语种版。

3、真迹性。博物馆内收藏着中国以及蒙古国、澳大利亚、美国、英国、日本等国 100 多位名家的手稿。

巴拉吉尼玛、张继霞夫妇在孩子们的大力支持下，利用 20 年的时间自费奔波世界 40 多个国家和地区，历尽千辛万苦，一本一本搜集回来的。成吉思汗文献的市场价值可用金钱来衡量，但它的潜在价值却是无价的，一部成吉思汗文献是一个历史文化符号，其背后隐藏着很多动人的故事。

成吉思汗文献是自治区独一无二的文化资源和宝贵财富。成吉思汗文献博物馆成立时间并不长，但她作为一道风景线，越来越多地吸引世界的目光；作为一种独特的文化品牌，其价值和意义日益凸显。

文献博物馆是荟萃世界成吉思汗图书精华的平台，具有强大的展示功能和传播功能。走进博物馆，不仅了解到成吉思汗及成吉思汗文化，还要让你感受到世界的成吉思汗文化现象。凡是前来观看博物馆的人，无不为之震撼和感动。一位学者观看后惊讶地说："这是文化建设上的重大创举，独一无二的文化现象，历史简单得只剩下几部书了！"。

（2013-10-18）

1998 年发现国宝：成吉思皇帝圣旨金牌

1998 年，我国文物鉴定"通才"史树青先生经历曲折从民间征集到成吉思汗时代的宝物——成吉思皇帝圣旨金牌。

成吉思皇帝圣旨牌，文字鎏金，故称金牌。长方板状，四角抹圆，右上角残缺。上端中部有一圆形穿孔，孔两侧各镶突起箍环，经穿带磨光，微有遗痕。牌长 21.7 厘米、宽 6 厘米、厚 0.3 厘米，正面刻双钩汉字："天赐，成吉思皇帝圣旨，疾。"背面牌心刻双钩契丹文"？"二字。

据目前所知，关于成吉思汗的文物甚少，尤其是与他直接有关的文物只知在数十年前旧热河某地出土与此牌文字相同的圣旨牌一件，现藏日本，见《蒙古族简史》(内蒙古人民出版社，1985 年)，并称"成吉思汗圣旨牌为世界所仅有"。

今此圣旨牌的发现，为国内仅存的成吉思汗文物。"天赐，成吉思皇帝"，真"一代天骄"之"天子"也。

——史树青著《鉴古一得》，学苑出版社，2001 年 9 月

成吉思皇帝圣旨金牌
孟坤制作

法国作家伏尔泰创作的《中国孤儿》是欧洲第一部塑造成吉思汗形象的作品

内蒙古大学教授吴持哲撰文认为，法国作家伏尔泰于1755年创作的悲剧《中国孤儿》，是欧洲第一个来自蒙古高原的题材，也是第一部塑造成吉思汗形象的作品。

悲剧《中国孤儿》的情节：成吉思汗入主中原后，搜集前朝的遗孤，周遗臣盛蒂藏匿孤儿便将盛蒂逮捕，盛蒂献出亲生儿子去顶替，而将真正的孤儿保护起来。盛之妻奚氏不胜悲痛，向成吉思汗道出了真情。原来在多年前，成吉思汗一度在中原避难时已结识奚氏，对她恋情很深。如今，他旧情难断，便向奚氏提出：如她肯离异改嫁，藏匿遗孤案件可不予追究。奚氏作为贤妻良母，至死也不依从。成吉思汗为她的情操所感动，不仅赦免孤儿，还决定将孤儿抚养成人，盛蒂夫妇震惊不已，奚氏便问成吉思汗："是什么促使大汗改变主意？"成吉思汗回答："是你们的道德。"

伏尔泰（Voltaire 1694—1778）是法国启蒙思想家、作家、哲学家。生于公证人家庭。伏尔泰代表18世纪法国大资产阶级的利益，反对当时的封建专制制度，主张由开明的君主执政，并主张资产阶级的自由和平等。

伏尔泰根据杜赫德《中华帝国详志》一书中的"元代纪君祥"的杂剧《赵氏孤儿大报仇》的法译本，改编成题为《中国孤儿》的五幕历史悲剧，副标题为《孔子的伦理》，1755年在巴黎搬上舞台。伏尔泰改编这个剧本，是顺应了时代的需求，也反映了当时西欧活跃的思想界力图借鉴东方文明的潮流。在欧洲文学史上可以说《中国孤儿》是第一个依据中国题材改编的剧本。伏尔泰经过一番艺术处理，便将历来西方史籍中关于成吉思汗与中国仅是征服与被征服者的关系，描写成蒙、汉两大民族的精神犹如水乳般和谐地交融在一起。

1759年英国出版了由亚瑟默菲改编的《中国孤儿》，将成吉思汗搬上了伦敦舞台，并连续演出了八九次之多，可见成吉思汗对西欧影响之深远。

——据《欧洲文学中的蒙古题材》介绍，内蒙古大学出版社，1997年版

❀ 【延伸阅读】伏尔泰笔下的成吉思汗形象

　　《赵氏孤儿》改编的电视剧正在欧洲各国热播，并引发了中国戏剧在西方的传播和接受。伏尔泰改编的五幕剧《中国孤儿》，于1755年在巴黎被搬上舞台。讲的是成吉思汗与前朝遗孤和尚德一家的故事。伏尔泰添加了一段成吉思汗的爱情故事，多次在巴黎等地的剧院上演，获得了巨大成功。

　　18世纪英国剧作家谋飞（1727—1805）改编《赵氏孤儿》，突出了民族矛盾。前朝遗孤报了国恨家仇，忠心爱国的盛蒂夫妇赴义就死，征服者铁木真也得到应有的下场。该剧1759年4月起在伦敦连续公演九场。以后的60年间，在英国舞台上反复演出，甚至横渡大西洋，在美国多地上演（有资料统计，18世纪下半叶，《中国孤儿》在英语国家演出了四五十场）。除英法两国外，意大利诗人也根据《赵氏孤儿》创作了歌剧《中国英雄》。1752年，该剧在奥地利维也纳皇宫演出，获得了成功。

伏尔泰改编的五幕剧《中国孤儿》

"正名"运动方兴未艾

　　英国《每日电讯报》说：铁木真在统一蒙古各部的对外战争中，将蒙古帝国的版图扩展到了从太平洋到黑海之间的广阔地域，疆土面积之大，从来没有任何帝国能赶超。该报指出，至于铁木真在推进社会改革进程中的激进作用，此前更是被人忽视。现在终于发现，在铁木真征战一个新部落之后，他的习惯就是摧毁该部落的贵族阶层，吸收同化他们的下层民众。这就是铁木真口中的"机会应该给于大多数人，而不是一小部分人。"

　　《每日电讯报》表示，目前在西方社会中，想要为铁木真"正名"的，绝对不是BBC一家。一位名叫麦克·耶茨的英国人，此前成立了一家名为"领袖价值"的公司，主要提供历代领导人资料信息，他就将铁木真视为"有远见、有能力、有权利和有精力的'四有'领袖。耶茨说："铁木真并不为大量物质财富所动，他和自己的忠诚支持者分享一切东西，他是一位慷慨的领袖人物。铁木真和同时代人相比，也体现了自由主义和宽容的品质，至少他没有因为宗教原因而处决过任何人。"

——来自英国《每日电讯报》的报道

韩国画家笔下的成吉思汗

近几年，美国很多学者撰文为成吉思汗正名

　　历史上有很多关于这位可汗的负面评价，人们不禁怀疑，到底成吉思汗是一位嗜血如命的异教徒，还是一位功勋卓著的军事家政治家。针对成吉思汗1小时杀死174.8万人的历史传说，美国著名历史学和人类学专家约书亚·克拉克发表文章，向读者重新分析和审视了成吉思汗，解密了有关成吉思汗的谜团。克拉克以大量的事实认真做了分析和推断，驳斥了在一个小时之内杀死那么多生命的说法。并综合了各种历史资料和证据，向人们重新描绘了一个真正的成吉思汗。

　　美国著名人类学家历史学家杰克·威泽弗德认为，成吉思汗并不像从前西方人认为的那样是一个冷酷嗜杀的暴君，而是一个高瞻远瞩的统帅，他的军队带着东方的先进文化和科技进入了还处在黑暗时代的欧洲，并唤起了全球性的人类觉醒。在他的推动和刺激下，欧洲开始了空前的技术、贸易和思想革命。在一步步登上权力顶峰的过程中，他发展了自己的战争理论，创造了闪电战和包围战等革命性的进攻战术，在他的指挥调度下，蒙古帝国从未一次派出超过10万人的大规模军团。蒙古帝国重新勾画了世界版图，把原来相互隔绝的帝国紧密联系在一起，为新世界、新时代的到来划定了新的秩序。他说，蒙古人横扫全球，既充当了征服者，又充当了人类文明无可匹敌的文化载体。他们在其政治、经济和思想的努力中体现了虔诚和执着的国际主义者的激情。寻求的不仅仅是征服世界，而是确立一个以自由贸易为基础的全球秩序。

综合威泽弗德的观点，可以认为，成吉思汗不仅是蒙古人和亚洲人的遗产，也是整个世界的遗产，他是整个人类历史一个巨大的精神支点。正如美国《哈珀斯》杂志所言："起于灾难而终于卓越，除了耶稣，恐怕再难有人与成吉思汗匹敌。"能够给人类的历史带来这样的变化，并促进欧洲后来居上，领先世界成为发达的领地，这恐怕是成吉思汗没有想到的。

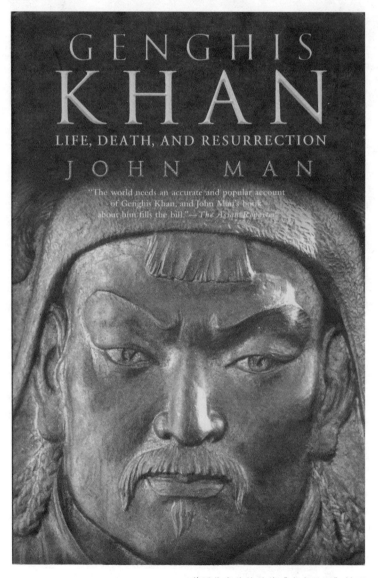

英国作家约翰曼著《成吉思汗》封面

❈【延伸阅读】《成吉思汗与今日世界之形成》一书扭转了世人对蒙古征服世界的负面印象

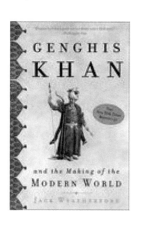

美国明尼苏达州麦卡利斯特学院（Macalester College）的人类学教授杰克·威泽弗德（Jack Weatherford）近年写了《成吉思汗与今日世界的形成》（ThreeRivers Press，2004）一书，以人类学的眼光和说故事的方式，重新诠释了蒙元时代。其最主要的特点就是，放弃了征服史的叙事传统，把被西方视为"世界之鞭"的成吉思汗，置于现代化的语境下，重新评价他所建立的蒙古帝国对今天世界之形成的影响。他认为，无论从哪个角度看，成吉思汗的成就都挑战了人类想象力的极限，他的成功之处或许就在于他所谓"野蛮"，犹如美国不是由富商和种植园主缔造的一样。几乎所有被蒙古人征服的国家，最初都曾饱受野蛮征服带来的破坏和惊恐，但在文化交流、贸易以及文明进步方面，很快地就产生一种空前的上升态势，欧洲人生活的各个方面"都由于蒙古人的影响而在文艺复兴时期发生了改变。"

人类学家在研究初民社会时多用说故事形式，但如何克服启蒙运动，尤其是 19 世纪以来西方社会对蒙元帝国的偏见，把蒙元时代繁复难记的事件讲得娓娓动听就比较困难，因为此前格鲁塞、多桑（C.M.d'Ohsson，1779—1851）等人的著作已经成为一般读者了解蒙古史的经典，很不容易超越，而作者选择与游牧民族看上去毫无关系的"现代性"作为全书的主线来说故事，这和一般认为蒙古草原帝国落后性的书籍大不一样，多少有点出人意外。威氏此书的篇幅并不大，共三个部分，第一部分讲成吉思汗从出生到统一蒙古各部，及其影响他性格的各种因素。第二部分讲蒙古人进入历史舞台后发动的世界战争，时间是五十年（1211—1261）。第三部分讲"蒙古和平"（The Pax Mongolica，13—14世纪因蒙古征服出现的世界和平）和随之而来的全球觉醒。作者认为正是这一觉醒，奠定了现代社会的政治、商业和军事制度的基础。

威氏不但有勇气重新塑造成吉思汗的形象，而且选择了一个全新的角度，把成吉思汗定位为近现代文明和全球化体系的开拓者。

成吉思汗告诉其子孙，他最重要的教训就是战胜一支军队不等于征服一个国家，你只能通过赢得民心的方式来征服。换言之，在威氏的笔下，成吉思汗最终认可了文明世界的价值体系，忽必烈在元朝建立了一套比宋律"更温和、更人道"的刑法体系就是其结果。

1227 年，成吉思汗在征西夏时去世，遗命秘不发丧。诸将奉柩返回蒙古，途中尽杀所遇之人以封锁消息。其陵寝不封不树，

中国台湾版"成吉思汗——近代世界的创造者"

下葬地区由兀良哈部严格守卫数百年已无法辨识陵寝所在。成吉思汗生前建立了不世出的业绩，身后不搞有形的崇拜，只有一面在战时指挥的黑色旗帜被作为灵魂信物保存了下来，成为蒙古人的精神象征。它历经风雨和战乱，在蒙古保存了数百年，却在20世纪的极权统治下消失。为确保成吉思汗的出生地与安葬地不成为民族精神的圣地，该区域为苏军驻防，外人概莫能入。在蒙古国成为苏联附庸的时期，有关成吉思汗的研究受到严格限制。因此可以说从文艺复兴到20世纪，在西方知识体系中的成吉思汗和蒙元时代多呈负面形象，而亚洲国家也往往把成吉思汗作为反抗西方霸权的象征，这就使得成吉思汗和蒙元帝国的研究，无论在东方还是西方都被意识形态化了。威泽弗德的这本书的出版，多少扭转了人们对蒙元时代的认识。

蒙古国出版

　　威泽弗德原本是做丝绸之路的商业史研究，当这项研究1998年告一段落时，他在蒙古接触到了成吉思汗早年的资料使他的研究发生了转向。同时20世纪出现的两大进展给威泽弗德带来了机遇：一是于19世纪我国发现的《蒙古秘史》被蒙古人民共和国列为禁书，刺激了《蒙古秘史》的地下研究和释读，有关成吉思汗的新材料在20世纪70年代后逐渐被西方学术界认识；二是苏联的解体使西方学者能够深入禁地。威泽弗德是唯一获准进入成吉思汗出生地与埋葬处的西方学者。他在蒙古一待就是五年，他和他的研究小组把十二种语言的一手和二手材料对照《蒙古秘史》实地进行研究，寻找成吉思汗的成长足迹，该书正是这项研究的成果。

　　在我看来，此书的有趣除了威泽弗德具有人类学家的眼光之外，还另有两个重要机缘。首先是他写作该书的时机恰逢全球化的兴起和意识形态的淡化，使他很自然地把蒙元帝国的一系列的成就与现实社会的变迁联系起来，也很容易看出蒙元时代实际上就是第一个全球化时代，蒙古帝国所实行的世俗政治、法律面前无论贵贱、贸易自由、知识共享、宗教宽容、外交豁免权、国际法、国际邮政体系等构成了近代世界体系的基础。在作者眼中，成吉思汗是用帝国的形式创造了和平的世纪，欧洲的近代文明实际上受益于蒙古的征服，且不用说印刷术、指南针、火药这些经蒙古人传播到欧洲的技术，"欧洲人生活的每个方面——科技、战争、衣着、商业、饮食、艺术、文学和音乐都由于蒙古人的影响，而在文艺复兴时期发生了改变。"按照全球化的标准衡量，成吉思汗和蒙元时代的成就都被历史低估了。

韩国出版

　　其次是20世纪70年代西方学术界出现"后殖民主义"（Post-Colonialism）的文化思潮，批判"西方中心论"的世界史观。在多元视角下，开创第一个"全球化体系"的不是资本主义而是蒙古帝国。威泽弗德强调指出，在塑造现代世界中的几个重要方面（专业化战争、全球商业、国际法准则），"成吉思汗完全全是一个现代人。"其实，他的这个见解在西方主流文化中早有认同。1995 年 12 月 31 日的《华盛顿邮报》公布了该报"千年人物"（Man of the Millennium）的最后人选就是成吉思汗。该报公布的理由就是成吉思汗具有今天"全球化"的眼光，建立了一个横跨欧亚大陆的自由贸易区，完美地将人性的文明与野蛮集于一身。1999 年 12 月的《时代周刊》也把成吉思汗列为千年人物第一名。正是有了西方社会的文化反思这个背景，作者的成吉思汗和蒙元时代才使人感到有新意，这也应了一切历史都是当代史的老话。

蒙古帝国的兴起和消亡是改变世界面貌的一件大事情，在威氏书之前没有人从现代世界形成的角度予以高度评价，也没有一本介绍蒙古史的书籍有他写得那样生动；在向读者介绍蒙元时代的辉煌成就的同时，也使我们思考为什么这样强大的世界帝国不能持续，它的全球化进程为什么会中断数百年？

——摘自《博览群书》2007 年第 5 期 作者：王纪潮，原题：《被低估的蒙元时代》。《成吉思汗与现代世界的形成》，（美）杰克·威泽弗德著，温海清、姚建根译，重庆出版社 2006 年 2 月版

作者简介：杰克·威泽弗德（Jack Weatherford）。著名蒙元史学家，加州大学圣地亚哥分校人类学博士，蒙古国成吉思汗大学人文学科荣誉博士。现任美国明尼苏达州圣保罗市麦卡利斯特学院人类学教授。其代表作有：《印度缔造者》《乡根》《野蛮与文明》《金钱简史》及畅销书《成吉思汗与今日世界之形成》，并因《成吉思汗与今日世界之形成》一书于 2007 年荣获蒙古国最高荣誉"北极星勋章"。

蒙古文《成吉思汗与今日世界的形成》书影

❊【延伸阅读】
中国历史学家提醒国内学者们应该重新研究和评价成吉思汗

苏联史学家弗拉基米尔佐夫《成吉思汗传》封面

2003 年，美国人类学家杰克·威泽弗德的新著《成吉思汗与今日世界的形成》，从全球的视野，全面深刻地分析了成吉思汗年代的蒙古人在军事，行政管理，政治谋略，民俗等方面的优势和先进，读之令人大开眼界。

上述这些结论，足以使中国学者汗颜。因为，这位美国学者能得到的历史资料，中国学者也都能得到，而且更多。但很遗憾，中国人迄今还没有写出这样视野宽阔，结论深刻的宏大历史叙事。当代中国缺史才，更缺史识。

看来，成吉思汗这个历史人物不仅识弯弓，能射大雕，还懂得调训大雕，他决不只是一介武夫。他的历史地位不会低于"唐宗宋祖"，远比历代农民起义领袖伟大。他的伟大之处，不只是组织培育了伟大的蒙古军团，还在于他深具超前意识的国家行政管理理念和宏观的政治思想。他是军事天才，也是政治天才。他不是武夫，他是卓越领袖。

美国人的这本书，至少提醒中国历史学者们应该重新研究和评价成吉思汗和他的蒙古帝国了。

（作者：龚英辅 2004/11/3）

英国 BBC 纪录片为成吉思汗正名 好战君王是开明领袖

西方对于成吉思汗的功过评价正在发生变化：在英国广播公司（BBC）播出的最新纪录片中，成吉思汗就被刻画成了一个历经种种磨难最终成就霸业的正面英雄人物，成吉思汗在文学、法律和文化传播等领域内的贡献更是得到了高度赞扬。

在 BBC 的纪录片中，成吉思汗堪称蒙古帝国一位慷慨的君主，他将自己所有的财产都无私地和手下的人们分享，而他在征战杀戮、积极扩张领土的同时，也在积极提升自己帝国的文化、法律和文学水平。成吉思汗还是一位积极吸收外来事物的开明君主，当时中原神奇的中药就被他引进用来救治蒙古民众。

BBC 成吉思汗纪录片制片人艾德·巴泽尔杰特介绍说，他们为了拍摄这样一部“重塑”成吉思汗形象的纪录片，千里迢迢赶往西伯利亚等地的大草原，在当地炎热的天气中度过了 6 个星期，纪录片耗资更是高达 100 万英镑。蒙古政府也提供了大力支持，派出了 150 名蒙古骑兵帮助影片的拍摄，来自东欧匈牙利的特技队也加入了拍摄队伍。

《每日电讯报》表示，成吉思汗在统一蒙古各部后的对外征战中，将蒙古帝国的版图扩展到了从太平洋到黑海之间的广阔地域，疆土面积之大，从来没有任何帝国能赶超。

该报还指出，至于成吉思汗在推进社会改革进程中的激进作用，此前更是被人忽视。现在终于发现，在成吉思汗征服一个新部落之后，他的习惯就是摧毁该部落的贵族阶层，吸收同化他们的下层民众。这就是成吉思汗口中的“机会应该给予大多数人，而不是一小部分人”。

很多历史学家现在开始相信，成吉思汗在积极拓展疆土的同时，更是一位国家权力的坚定拥护者，正是他将蒙古的部落统治改造成了初步的官僚统治。而且他的统治也超越了民族主义的范畴，凭着他促进各民族相互融合的功劳，成吉思汗从某种意义上说，实在可算是一位促进欧洲融合的“先驱”。

——来自英国《每日电讯报》4 月 18 日

油画"大海可汗"（成吉思汗文献博物馆藏）

❈ 我国30集电视剧《成吉思汗》第一次以大篇幅反映了成吉思汗的西征场面

千年更替时刻，30集电视连续剧《成吉思汗》用五分之一的篇幅反映了成吉思汗的西征，申明了本剧编导对西征的看法，大胆接触了这个有争议的问题。

据《成吉思汗》编剧朱耀廷教授介绍：在该剧中如何反映成吉思汗西征，是非常棘手的问题。过去，不管是国内还是国外的学者均持基本否定的态度。因此，直到二十世纪80年代初期，我国的史学家们没有人写出一本全面论述成吉思汗的论著，似乎成吉思汗压根儿没有什么西征之举。这实在是个令人费解的现象。

在中国古代众多的帝王当中，大概只有成吉思汗是最具有世界性影响的人物。所以如此，在很大程度上是由于成吉思汗及其子孙进行了西征。描写成吉思汗的大型历史剧，不反映西征，这与努尔哈赤、皇太极，与统一北方的少数民族领袖就没有什么区别。实际上，这也不是一种历史唯物主义的态度。

我们不同意西方某些政治家所说的"黄祸论"。我们不能因为害怕西方某些人说什么"黄祸"，而不敢涉及成吉思汗的西征。历史上的悲剧，既不是由黄种人的本性造成的，也不是由白种人的本性造成的。黄种人和白种人中的广大劳动人民当时都处于无权的、受剥削的地位，他们不能影响统治者的政策，也都无力阻止统治者进行的征服战争。用"黄祸论"来解释成吉思汗及其子孙的西征，即违背了基本的历史事实，是根本站不住脚的。

《长生天的力量》（蒙古国）齐·撒格木德画

中外名人、学者呼吁重新认识和评价成吉思汗

- 我国史学泰斗韩儒林先生说：成吉思汗从开始西征起，就扫除了东西方交往的此疆彼界，"之千里者，如在户庭；之万里者，如在邻家"。
- 我国著名历史学家蔡美彪说：我们要客观、公正地评价成吉思汗、不能总是与政治联系在一起。
- （日本）史学家箭内亘说：成吉思汗非饮血之魔王，非以侵略与征服为乐之野心家，实为重情义知礼让之伟人。
- 苏联东方研究院院长莫·瑟·卡彼查强调：不管怎么说，以科学的态度研究成吉思汗，并得出正确的结论是有助于了解成吉思汗在欧洲历史上完成的历史使命。
- 法国军事家廉克上校严厉批评对成吉思汗的错误定论，他说：成吉思汗一生为创立单一的世界王国做出贡献，奢侈、腐化与他毫无缘分。
- 法国历史学家朱微尔写道："成吉思汗树立了和平，那个和平状态相继持续了两个世纪，这是不到20年的战争赐物。"
- 美国传记小说家哈罗德·莱姆在《全人类的帝王成吉思汗》中说：成吉思汗的理想是为全人类创立一个单一的王国。欧洲人是因不了解他而钻入牛角尖了。
- 我国元史学家贾敬颜严厉批驳耸人听闻的谣言，他说：无论怎样，军事扩张总是非正义的，应当受到谴责。将中亚等地落后了好几个世纪的罪过统统加在成吉思汗头上，那是不符合实际的。
- 俄罗斯历史学博士 Н·Л·朱可夫斯卡娅说：人民有权树立自己的民族英雄。成吉思汗不是一般人，如何对待他，怎样评价他，并非轻而易举的事情。如何评价成吉思汗，需要时间，需要漫长岁月，需要冷静，不能草率，更需要历史新思维。

- 法国学者米谢尔·黄说：对成吉思汗的一生应该历史地、客观地分析和评价。对成吉思汗本性的评价不能简单地以"野蛮"二字概括。

- 法国历史学家勒内·格鲁塞说：成吉思汗是一个"明智、正派"的人。

- 苏俄历史学家符拉基米尔佐夫说：成吉思汗"并不是以流血的恶毒行径出现在世上"。

- 蒙古国著名史学家沙·毕拉：成吉思汗在历史上既不是神灵，也不是恶魔。他是一位具有自身美德与内心矛盾，而不是以传说和神秘色彩覆盖着的伟大人物。他或许仍像以往那样，是自己民族的保护神。研究成吉思汗，要严格区分历史上的成吉思汗和神化了的成吉思汗两者的界限。

- 日本东京外国语大学教授、著名蒙古学学家二木博史说：对成吉思汗的否定，并非是对历史上的一个人物的否定，而是对整个民族光荣历史的否定。因此，重新评价成吉思汗，就等于蒙古人重新找回了自己的历史。

- 俄国著名学者、列宁格勒大学教授勒·讷·古米列夫说：蒙古人并没有破坏亚洲、欧洲的城镇、文化和文明。俄罗斯人和蒙古人的关系并不是某些人所说的那样敌对和紧张，根本不存在什么"鞑靼蒙古的毁灭"。

- 阿塞拜疆共和国总统阿利耶夫：人们曾经对成吉思汗做过各种不同的评价，时代要求我们必须公正地科学地深入探讨研究这位举世无双的英雄人物以及带来的各种现象。

- 新加坡共和国总统纳丹：史学者们从现在起已经重视研究和评价了蒙古国的奠基者成吉思汗对历史产生的重大影响。我本人也经常从不同的角度了解和研究成吉思汗的历史使命，以及他留下的宝贵遗产。

- 俄联邦布里亚特共和国总统波塔波夫：关于成吉思汗的丰功伟绩尤其是他对政权建设和今日世界的形成所做出的贡献，应该依据当时具体的历史条件，站在公正的客观的立场上加以科学的评价。也就是说要尊重学者们的意见，从当时的实际出发严格遵循文献记载和历史事实，对他进行全面、深入地研究。

- 联合国前秘书长科菲·安南：13世纪成吉思汗统一蒙古部落，建立了世界上举世无双的庞大的蒙古帝国。他所建立的政权和法律，至今对世界各国和地区仍有积极意义。

- 蒙古国前总统巴嘎班迪：蒙古人把他尊称为圣主成吉思汗。当前，人类已进入全球化的发展阶段，在这种条件下，人们有必要互相学习很多东西，同时民族本身也有自己应传承的一些优秀的独特的东西。我们认为，研究地传承成吉思汗，不仅仅是蒙古人的事情，也是涉及全世界的事情。

- 2007年7月24日，俄罗斯联邦卡尔梅克共和国总统伊柳姆日诺夫·基尔萨·尼古拉耶奇率政府代表团一行12人，拜谒了成吉思汗陵，并题词留念。他在题词中写道：我谨代表俄罗斯联邦卡尔梅克共和国人民，感谢你们对伟大的成吉思汗文化历史极大的关注和研究。

外国学者积极为
成吉思汗树碑立传

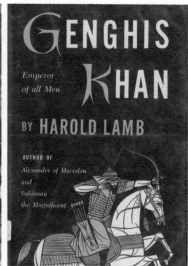

哈罗德·莱姆著《全人类的帝王》

19世纪以来，国外推出不少叙述成吉思汗传记的著作。为首的应推哈罗德·莱姆（Harold Lamd）的杰作《全人类的帝王》。这部书，以史为依据，采取了小说的体裁，全面描写了成吉思汗的传奇一生。

有一批研究者，经过多方努力后，曾翻阅过浩如烟海、极其繁杂的材料，并将之集中起来。第一部应推英国人何威士（Henry H.Howrth 霍渥斯）1876—1888年，他出版了他的四卷《蒙古史》（共五册）。这部巨著，在欧洲是继多桑《蒙古史》之后的又一部影响极大的论著，也是英国蒙古学历史开端的里程碑。瑞典人多桑的《蒙古史》、法国人格鲁塞的《蒙古帝国史》，不但赢得了大量非专业的读者，而且至今仍是从事相关课题的专业工作者必须备置案头的重要参考书籍。

格鲁塞著《成吉思汗》

——据德国历史学家约艾西摩·巴克霍森介绍

2009年英国推出两部畅销书。一部是英国历史小说家康恩·伊古尔登的畅销书力作《长弓王》，2009年由内蒙古人民出版社出版。版权已有30多个国家和地区。他认为，成吉思汗是欧洲人眼中的中国英雄；是西方人的东方崇拜；是一段铁骑征服的印迹。《长弓王》的引言中说："这是一部胜利者的史诗，一部征服者的绝唱，更是一部勇敢者与冒险者的传奇。"另一部也是康恩·伊古尔登的力作《草原狼》，他站在"一个西方人的东方崇拜"的立场上，描写了"一代天骄成吉思汗，率领旋风一般的蒙古铁骑，呼啸着席卷整个欧亚大陆"的画卷。阿瑟·威利（Arthur Waley）英译本《蒙古秘史》成为《草原狼》的主要创作来源。该书 2009 年由内蒙古人民出版社出版。《每日快报》评论说："我深深感到仿佛一部了不起的电影在我面前，而这部电影确实源于这了不起的著作。请在好莱坞接拍它之前不要错过它！"伯纳德·卡沃尔说："一个耀眼的征服史——我希望自己已经拜读这部佳作。一个人物栩栩如生、记录伟大行动和不屈不挠征服的小说。它真的是一部很棒的读物。"

日本堺屋太一，是一位成吉思汗研究专家，现为早稻田经济研究所教授，长期进行相关的研究与撰文，最近推出了《成吉思汗的世界》（中国台北商周出版，2007 年）。他的精辟观点及简捷的笔调，将带领读者一窥成吉思汗与大蒙古国的世界。为了能使读者更亲近蒙古文化，并能解读成吉思汗的现代意义，插入了许多蒙古实地拍摄的照片，可说是一本以成吉思汗为中心的视觉系读本，带你理解这个"创建世界的男子汉"。2008 年 2 月开始在日经新闻连载《创造世界的男子汉——成吉思汗》，并结集成册，目前已出版四大册。

近几十年来，西方、苏联和我国的历史学家对成吉思汗的征服活动的历史现象有很多看法。现代西欧的历史著作对蒙古的征服活动的作用与后果，大多采取客观、历史的分析态度。

外国学者积极为成吉思汗树碑立传

堺屋太一向成吉思汗文献博物馆赠书

1834年出版的法文版《多桑蒙古史》

西方的成吉思汗（蒙古史）研究获得了长足进展

　　"蒙古时代"是世界史上的一个重要时期，与欧洲中世纪史关系密切，故早为西方学者所重视。17世纪末，通晓阿拉伯、波斯、土耳其诸语并熟悉穆斯林文献的法国学者克鲁瓦（Petis de la Croix）据波斯、阿拉伯文和欧洲文字史料著成《古代蒙古人的第一个大皇帝成吉思汗史》（4册，1710年出版），是西方第一部利用穆斯林史料的蒙元史著作。18世纪，来华耶稣会士冯秉正（De Mailla）译《纲目》《续纲目》为法文，编成《中国通史》（10卷，第九卷为元史），宋君荣则译《元史类编》，本纪部分为法文（见前）。法国汉学家德基涅(De Guignes)兼通汉、阿拉伯文，得以直接利用原文资料，著《匈奴、突厥、蒙古及其他西方鞑靼人通史》（5卷，第三卷为蒙古史）。同时期，苏俄科学院组织大规模的西伯利亚、蒙古考察，收集了不少蒙古历史资料。到19世纪，在科学思想进步的推动下，欧洲的语言学、人类学、历史学都形成了科学的研究方法，并用于研究东方民族的语言和历史。同时，欧洲列强的东方扩张政策也促进了西方人对东方历史文化的研究，作为汉学、蒙古学、伊斯兰学等东方学分支学科交汇的蒙元史研究因而获得了长足进展。19世纪前期的杰出汉学家、东方学家雷慕沙（Abel Rémusat，法）和克拉普罗特（M.J.Klaproth，德）发表多篇蒙元史论文，利用汉文史料与波斯、亚美尼亚、拉丁等文字史料一起进行研究，开创了蒙元史的新局面。瑞典籍的亚美尼亚人多桑（d'Ohsson）精通欧洲诸语及土耳其、波斯、阿拉伯等东方语，长期居住巴黎，得以利用巴黎图书馆丰富的东方写本收藏，全面查阅了有关蒙古史的阿拉伯文、波斯文历史文献，并广泛搜集突厥文、亚美尼亚文、叙利亚文、拉丁文以及汉文（用上述宋君荣、冯秉正译本及俄人俾丘林所译《元史》前三卷）史料，用法文著《蒙古史》四卷（1824，1834—1835），以丰富的资料（特别是详细摘引波、阿文史料）系统、完整地叙述了自蒙古兴起至元亡以及蒙古西征和波斯伊利汗国兴亡的历史。同时，奥地

意大利文版

德文版

土耳其文版

1836年出版的法文版
《史集》

西班牙文版

利东方学哈默尔（J.F.Hammer-Purgstall）出版了《金帐汗国史》和《伊利汗国史》两部书（1840，1842），其后又有沃而甫（Otto Wolff）以叙述蒙古西征欧洲为重点的《蒙古人史》（1870），英国历史家霍渥斯（H.Howorth）所著分述中、俄、波斯三国，自13世纪迄近代的三大卷《蒙古史》（1876，1880，1888）。于是西方学术文献中有了相当完备并能反映全貌的综合性蒙元史著作。

19世纪西方学者在蒙元史籍研究方面，成果也很丰富。法国东方学家卡特美尔（E.M.Quatremere）专精波、阿文史籍研究，他对《史集》序言及旭烈兀纪波斯原文作了精细校订，译为法文并加详尽注释（其中很多条实际上是长篇的历史学、语言学考证论文），以《波斯的蒙古史》为名合并出版（1836）。

俄国东方学家施密德（I.J.Schmidt）对蒙古语和蒙古历史文献有精湛研究，他将蒙文本《蒙古源流》译为德文并详为注释，与原文合并出版，名为《东蒙古及其诸王室史》(1829)。上述两书的校勘与注释有很高的学术价值。俄国正教会北京传道团出了一批兼通满、蒙的汉学家，雅金甫·俾丘林（Yakinf Bichurin）将《元史》前三卷译成俄文，并采用《纲目续编》补充，编为《成吉思汗前四汗史》（1829）；瓦西理（V.I.Vasil' ev）译出《蒙鞑备录》（1859）巴拉第(Palladii Kafarov)将三部最重要的汉文蒙元史史籍译成俄文（《元朝秘史》，1866；《长春真人西游记》，1868；《圣武亲征录》，1877）。此外，俄驻华使馆医生布莱资奈德(E.V.Bretschneider)专注于东西交通研究，用英文译注《西游录》《西使记》等多种元代西域史料，引用大量东西史籍及其他学术著作，对涉及的史事、地理、物产等进行考释。俄国东方学家在波斯文、阿拉伯文蒙元史籍的释译与研究上成绩尤著。哀德蛮（F.Erdmann，德国）用德文译出《史集》之部族志(1840)，又据此书成吉思汗纪并参用俄译汉文史料著《不动摇的铁木真》（1862）；贝勒津（I.N.Berezin）于1858—1888年先后发表了其《史集》部族志和成吉思汗纪的波斯原文校勘本和俄译本；齐申高申（V.T.Tizengauzen）从许多阿拉伯、波斯史籍中辑录有关金帐汗国资料，译为俄文，汇刊一巨册（1884）。亚美尼亚文史籍《海屯行记》、《引弓民族史》也先后（1822与1870）被译为俄文。西方学者对蒙元时代东来的欧人卡尔宾尼、卢布鲁克、马可·波罗、马黎诺里等人的旅行记及其他欧洲蒙元史史料都作了精细研究，出了多种近代欧洲文字的译注书。

拉契涅夫斯基（1899—1991）《成吉思汗的一生及其遗产》则是近年来西欧学者所撰成吉思汗传记最具学术价值的一种。该书于1983年出版。此书被学界推崇为迄今最优秀的一部成吉思汗传记。

❀【延伸阅读】
国外有关成吉思汗的专著（包括传记、历史小说）

曾是东方历史上最强盛、并对欧洲产生过很大影响的成吉思汗历史，自然成为各国学者（作家）们十分关注的研究领域。

法国的成吉思汗研究居于领先地位，收藏的穆斯林文献写本和汉文文献最为丰富，成吉思汗的研究起步也较早。17世纪法国产生了第一部有关成吉思汗的专门著作，这就是克鲁瓦（PetisdelaCroix，1622—1695）所著《古代蒙古和鞑靼人的第一个皇帝伟大的成吉思汗史》。克鲁瓦通晓土耳其、阿拉伯和波斯语，曾任法国国王的土、阿语翻译，熟悉穆斯林文献。他根据波斯、阿拉伯文史料和欧洲旅行家的行记，用十年功夫译编成此书，分四册，内容包括成吉思汗传以及其继承者（迄于17世纪）的略传，古代蒙古人的风俗、习惯和法规，蒙古、突厥、钦察、畏兀儿及东西方鞑靼人的地理。此书于作者死后十五年即1710年在巴黎出版，1722年伦敦出版了英译本。克鲁瓦是最早利用穆斯林史料编著蒙元史的西方学者，开创之功不可磨灭。后来多桑在这方面又前进了一大步，达到了更高的成就。

18世纪来华耶稣会士以法国人居多，热心于研究和传播蒙古文化。耶稣会士宋君荣（A. Gaubil，1689—1759，1722年来华）就是一位18世纪最优秀的蒙古学家。时邵远平《续宏简录》（即《元史类编》，1699年成书）新出不久，他将此书前十卷本纪译为法文，题为《成吉思汗及其继承者元朝诸帝史》，1739年出版于巴黎。

同时期，法国蒙古学家德基涅（de Guignes，1721—1800）完成了五卷本巨著《匈奴、突厥、蒙古及其他西方鞑靼人通史》，1756至1824年先后在巴黎出版。其第三卷为蒙元朝史（1757），第四卷

的有关成吉思汗图片（图书）

e than 50 countries and regions of the world

来自世界 50 多个国家的有关成吉思汗的图书

西方的成吉思汗（蒙古史）研究获得了长足进展

为帖木儿朝史（1758）。德基涅还对蒙古史上的重大问题如成吉思汗征服战争的原因和性质提出了值得注意的见解。此书是西方学术文献中第一部系统地研究中亚游牧民族历史的名著，尽管其资料和见解在今天看来多已过时，但在蒙元史研究文献中仍占有重要地位。

此后至今中、日、俄、蒙、土、英、美、法、德、意等国学者代代累积而成的研究成果（包括文学）恐怕是任何人穷其一生都无法读完的。下面列举出若干最富盛名的著作：

◆（德国）冯·埃尔德曼（1839—1935？）的《不可动摇的铁木真》。1829年，德国人冯·埃尔德曼（旧译哀德蛮·克忒蛮）利用波斯文文献写成的《不可动摇的铁木真》(Temudschin der Unersc hütterliche) 在莱比锡出版。

◆（英国）霍渥斯（霍渥士、何威士 Henry H.Howrth）四卷本《蒙古史》。第一卷为中国的蒙古史（1876），第二卷为俄国的蒙古史（1880），第三卷为波斯的蒙古史（1888），第四卷为附录与索引（1928）。

◆（瑞典）多桑（D.Ohsson）的《蒙古史》《蒙古帝国史》。多桑主要利用波斯文文献写成的《蒙古史》(Histoire des Mongols) 最早 1834 年在海牙和阿姆斯特丹出版。

◆（美国）柯廷（J.Curtin）的《蒙古人：历史》，1908 年出版。

◆（美国）雅各布·阿博特的《成吉思汗》，1860 年第一次出版，之后至少出版了 10 个版本。

◆（法国）卡特麦尔的《史集》法文译著本（《波斯的蒙古史》），1836 年出版。

◆（法国）勒昂·考恩（列奥卡沃纳著 Cahun L.）撰写的法文版《青旗》（《青旗：蒙古人征服和十字军东征时期一个异教徒和一个穆斯林、一个基督教徒的奇遇记》），1877 年出版。

◆（法国）勒内·格鲁塞的《成吉思汗传》。1944 年出版，是世界上最权威的成吉思汗传记版本。很多国家陆续翻译出版，目前已有 30 多个国家的不同版本。

◆（美国）哈罗德·莱姆(Harold Lamd)的杰作《全人类帝王成吉思汗》《Genghis

Khan: The Emperor of All Men》），1927 年出版。这是一部五十余年畅销不衰的经典之作，亦有几十个国家翻译出版。

◆（苏俄）符拉基米尔·佐夫的《成吉思汗传》。1922 年出版于柏林——莫斯科——彼得堡。该书在世界蒙古史学界影响甚大，有英、法、德、土耳其文译本，也有汉译本。

◆（苏俄）额邻真·哈拉—达旺（1883—1942）《成吉思汗：一位统帅及其遗产》。1929 年第一次出版于南斯拉夫首都贝尔格莱德。值得一提的是苏联历史学家，思想家古米列夫·列夫·尼古拉耶维奇 Гумилев,ЛевНиколаевич（1912—1992），撰写大量有关欧亚大陆突厥、蒙古等民族史著作。主要著述：《匈奴——古代的中亚》（1960）；《古代突厥人》（1967）；《寻找虚构的王国（关于祭祀王约翰王国的传说）》（1970）；《中国的匈奴人——中国与草原民族激战三世纪至六世纪》（1974）；《古罗斯与大草原》（1989）等。在这些著述中，他驳斥了俄罗斯史学界认为 13 世纪蒙古人征服俄罗斯是一种负面现象的主流观点。他认为，14 世纪至 16 世纪莫斯科公国的建立以及此后俄罗斯帝国疆域的拓展，都取决于作为对手的两大民族——俄罗斯民族和草原民族之间的"良性互动"。他的基本历史思想是所谓"激情论"。他认为，一种文化存在的时间长短与承载这一文化的民族所具有的激情延续时间——从推进到消散的时间有关。他借助这一理论对世界历史上的罕见现象——13 世纪蒙古人的征服行动作了解释。他的历史思想引发了一场争论，虽被论敌斥责为"对待历史事实缺乏公允态度"，却风行于当今的俄罗斯。2003 年，喀山为古米列夫树立了塑像。

◆俄罗斯的学者雅琴夫·伸丘林——《蒙古志》《成吉思汗最初四汗史》，曾深入探讨过蒙古人的族源、蒙古国家的起源——对 13 世纪蒙古统治者军事征伐政策的评价等问题。

◆（日本）胜藤猛的《成吉思汗——草原上的世界帝王》.

◆（美国）杰克·威泽弗德的《成吉思汗与今日世界之形成》。

◆（英国）约翰·曼的《成吉思汗传》。

◆（德国）约艾西摩·巴克霍森著《成吉思汗及其黄金帝国的崛起》。

◆（法国）作家欧梅希克的《蒙古苍狼》。

◆（日本）堺屋太一著《成吉思汗的世界》。

◆（英国）历史小说家康恩·伊古尔登的《长弓王》和《草原狼》。（2009）

◆（日本）冈田英弘的《世界史的诞生》。

◆（日本）陈舜臣《成吉思汗一族》，四卷本。

◆（苏俄）塔吉扬纳·德米特里耶夫娜·斯克雷恩尼科娃（1948—）与尼古拉耶维奇·克拉京（1962—）合著《成吉思汗帝国》。

    还有几本早期出版的图书，原版至今未找到：

◆（德国）《蒙古历史资料汇编：起源和历史；成吉思汗的国家》第 2 卷，1776 年德国出版，铜版画 3 幅。

◆（法国）法文，《伟大的成吉思汗传》。作者：PETIS DE LA CROIX 1710 年精装 32 开，法国出版。

◆（意大利）《成吉思汗大帝传》，1737 年意大利威尼斯版，精装，一副蒙古铜版地图。（法国）《世界通史第 8 卷——蒙古的过程，成吉思汗等人的历史与发展》1782 年（？）法文 32 开精装。

（以上由本书作者整理）

❈ 法国学者勒内·格鲁塞 对成吉思汗的一生做出了客观的论述

法国学者勒内·格鲁塞

　　勒内·格鲁塞是法国20世纪前半叶声誉卓著的东方史家。格氏著作与蒙古史有关者包括《草原帝国史》、《蒙古帝国史》。而其《世界征服者传》则是于1944年出版的一本普及性传记。如同苏俄学者符拉基米尔佐夫所著《成吉思汗传》一样，是20世纪最为著名而影响较大的人物传记。据格鲁塞自述，他在书中"严格遵守历史客观性"，对成吉思汗的一生做了客观的叙述，极少议论。但由此书可以看出，格鲁塞颇为崇拜英雄，认为英雄可以改变历史。书中看法与符拉基米尔佐夫相吻合之处颇多。格氏亦认为成吉思汗，能在蒙古群雄之中脱颖而出，是由于他的为人与品格、他的领导天才、克己自制、恩怨分明以及政治性的慷慨等品质皆与他的竞争对手形成强烈的对照。对于成吉思汗征服战争所造成的破坏，格氏亦采取了"同情和理解"，如在探讨征伐花剌子模时所造成的巨大破坏，格氏亦归因于花剌子模沙的屠杀蒙古使节及蒙古人有仇必报的传统。他认为，成吉思汗西征造成的破坏，不是由于他本人的嗜杀，而是由于当时古文化及其正义观的局限。

　　在格鲁塞看来，成吉思汗本身文化局限甚大，而且终身为文盲。但是，他颇能接受来自文明世界顾问的建议，如塔塔统阿、耶律楚材及牙剌五赤父子的建言，突破蒙古人原有的文化局限，不仅是蒙古人由城市之破坏者转化为保护者，而且为蒙古征服的定居地区建立常规行政制度。

　　——摘编自中国台湾萧启庆教授论文《恺撒的还给恺撒——从传记论中外成吉思汗的研究》载《成吉思汗研讨会论文集》中国台湾1998年

法文版勒内·格鲁塞的
《蒙古帝国史》

　　另：勒内·格鲁塞的《蒙古帝国史》，这部书中专门有一章《对蒙古征服的总结》，写得很富有历史感。他说："我们不能指责蒙古人，蒙古人的毁灭行为，是由于他们不了解农业经济，更不了解城市经济。"格鲁塞一方面指出蒙古征服的一个恶果是"使定居国家的正常发展停滞不前"，另一方面又指出"于造成恶果的同时，也产生某些有益的方面"。他关于"蒙古人统一的功绩"这一段话，说得十分精彩："蒙古人几乎将亚洲全部联合起来，开辟了洲际的通路，便利了中国和波斯的接触，以及基督教和远东的接触。中国的绘画和波斯的绘画彼此相识并交流。马可·波罗得知了释迦牟尼这个名字，北京有了天主教的总主教。将环绕禁苑的墙垣吹倒，并将树木连根拔起的风暴，却将鲜花的种子从一花园传播到另一花园。从蒙古人的传播文化一点说，差不多和罗马人传播文化一样有利。对于世界的贡献，只有好望角的发现和美洲的发现，才能够在这一点上与之比拟。"

✕ 拉契涅夫斯基的《成吉思汗的一生及其遗产》是近年来西欧学者所撰成吉思汗传记中最具学术价值的一种

拉契涅夫斯基（1899—1991）是柏林洪堡大学教授，他所采取的方法是"用各种原手史料的批判比较来发现历史的真相"。根据各语种史料对成吉思汗的一生重要事迹的年代及可靠性做了颇多考证，故此书在同类著作中是最为坚实的一种。

德文版《成吉思汗传》

与多数传记作者相似，拉氏认为成吉思汗之成功与其性格有关，而成吉思汗性格主要的特质是他专心追求权利的强烈欲望。而他的性格则有利于他对权利的追求：安于简朴，善于把握人才，厚待下属，对敌人则是有仇必报。

蒙古人所以能够征服世界，拉氏认为不能仅从军事方面——尤其是骑兵优势寻求解释，因为蒙古骑兵并不优于突厥、女真、波斯等族。蒙古人之屡战屡胜，乃因成吉思汗善于利用外交去分化敌对阵营。因此，成吉思汗不仅是杰出的军事家，更是一位眼光远大而又顾及现实的政治家。

拉氏认为成吉思汗的影响主要有三：第一，统一蒙古，凝聚民族认同。第二，征服战争对蒙古利弊兼具，最初带来财富，却造成人口流失，贫富差距加大。第三，加速东西文化交流。

这部传记实事求是，中心观点与格鲁塞相似，强调成吉思汗个人的性格与志向为其成就大业的主要原因，不免带有英雄史观的色彩。

——摘编自中国台湾萧启庆教授论文　《恺撒的还给恺撒——从传记论中外成吉思汗的研究》载《成吉思汗研讨会论文集》中国台湾 1998 年

✕ 欧美都有一些影响较大的通史型著作
采取分析的态度肯定蒙古的征服对东西方交流的积极作用

早期的有英国韦尔斯的《世界史纲》，晚近期的有美国斯塔夫里阿诺斯的《全球通史〈1500 年以前的世界〉》和英国巴勒克拉夫的《泰晤士世界历史地图集》等等。《世界史纲》说："蒙古人的征服故事确实是全部历史中最出色的故事之一。亚历山大大帝的征服，在范围上不能和它相比。在散播和扩大人们的思想以及刺激他们的想象力上，他所起的影响是巨大的。一时整个亚洲和西欧享受了一种公开的交往；所有的道路暂时都畅通了，各国的代表都出现在哈剌和林的宫廷上。教皇的使节，从印度来的佛教僧人，巴黎、意大利和中国的技工，拜占庭和亚美尼亚的商人，

英文版《成吉思汗传》

阿拉伯的官员，波斯和印度的天文学家及数学家都汇集在蒙古的宫廷里。我们在历史上听得太多的是关于蒙古人的战役和屠杀，而听得不够的是他们对学问的好奇和渴望。也许不是作为一个有创造力的民族，但作为知识和方法的传播者，他们对历史的影响是很大的。从成吉思汗和忽必烈的模糊而传奇式的人格上所能看得到的一切，都倾向于证实我们的印象，即这些人至少和那浮华而自负的人物亚历山大大帝，或那政治幽灵的招魂者、那精力充沛而又目不识丁的神学家查理大帝一样，都是有领悟力和创造力的君主。"（中译本，人民出版社 1982 年出版）

1970 年出版的《全球通史〈1500 年以前的世界〉》同样强调蒙古的侵略"促进了欧亚大陆间的相互影响"，书中举了不少事例，最后说："由这种相互影响提供的机会，又被正在欧洲形成的新文明所充分利用。这一点具有深远的意义，直到现在，仍对世界历史的进程产生影响。"（中译本，上海社会科学院出版社 1988 年出版）

巴勒克拉夫主编的《泰晤士世界历史地图集》出版于 1978 年，它不同于一般的通史著作，但传布之广、影响之大，绝不在一般通史之下。书中为蒙古帝国图（1206—1405）写了如下说明："来自亚洲腹地的原始游牧民族蒙古人，对世界史产生了巨大的影响。他们征服的规模无与伦比。这是文明社会所经受的最后一次，也是最激烈的游牧民族的野蛮攻击，其后果十分严重。亚洲和大部分欧洲的政治组织都变换了。许多地区的人民被灭绝或四散，永远改变了其种族特性。世界主要宗教的分布和力量也发生了变化。横越欧亚大陆的道路由一个政权所控制，旅行变得安全了。在中断了一千年之后，欧洲人又能进入亚洲和远东了。蒙古人出现在世界舞台上是突然的，并且也是破坏性的。过去的王国和帝国在他面前相继溃败。他们成功的原因也许是在于高超的战略、有一支优秀而高度机动的骑兵、坚忍不拔和战斗时的组织性与协调一致。蒙古人甚至有某种类似于现代总参谋部的组织……在一个军事天才的指挥下，他达到了最高的效能，产生了确实是当时世界上最可畏的战争机器。"

（中文本，三联书店 1985 年出版）

国学大师、国际东方学家
季羡林先生说：
由于成吉思汗，蒙古学在
国际学术界已成为一门显学

国际著名东方学大师季羡林先生在不同场合多次讲过成吉思汗的历史作用，他说："由于成吉思汗，蒙古人在中国历史以及世界历史上所起过的重要作用，蒙古学在国际学术界已经成为一门显学，很多国家都有专门的研究机构。"

——由北京大学东方学院院长吴新英教授提供，2006 年

东方学大师季羡林

❀ 成吉思汗研究已成为一门世界性学科

据我国军事思想研究专家朱清泽教授介绍，当今世界上有 60 多个国家和地区组织专人对成吉思汗的军史、战史、兵法和思想进行专题研究。成吉思汗研究已成为一门世界性、多民族性 、多元性的学科。《中国军事百科全书》称成吉思汗是"杰出的军事家、政治家"，"是一位深沉有大略，英武、干练、明达的卓越军事统帅，其军事思想、军事业绩和指挥艺术，在世界军事史上都有重要的地位和影响"。

——朱清泽（我国著名军事思想研究学家）

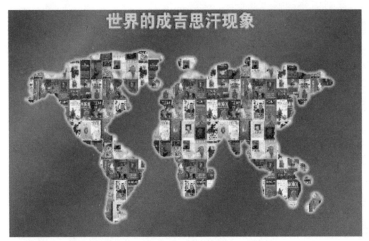

世界的成吉思汗现象

用图书组成的世界版图（孟坤制作）

✕ 蒙古学之所以成为世界性学科
与成吉思汗的影响息息相关

  成吉思汗的军事思想对世界各国都有极大的影响,为各国军界所重视。尤以日本、苏联、美国、德国、英国、法国、土耳其等国投入的人力和研究的规模都相当可观。仅日本、苏联、德国人所著的有关成吉思汗纯战略战术研究的著作就有数百部,日本人研究的专著就达数十种之多。德国曾在第一次世界大战时期把研究成吉思汗战略战术的专著发给每个军官人手一册。写专题论文者不计其数。虽然有些著作和论文,由于民族的成见,对成吉思汗骂得很凶,但学得也很认真。俄国将军们也承认他们把蒙古军兵制沿用到彼得大帝。在第二次世界大战中苏联哥萨克骑兵,运用"拉瓦战术",打了许多胜仗。

  现在蒙古学已成为世界范围内研究的学科之一。蒙古学所以成为世界性学科,这与成吉思汗征服世界的历史是分不开的。到目前为止,世界上有些国家和民族的历史,如不很好地研究蒙古学,不研究古代蒙古战争史,就不能写好自己国家和本民族的历史。蒙古学的研究工作欲求取得更深入的效果,也必须认真研究成吉思汗的战争史、军事思想史、军事辩证法思想史。这是因为,军事斗争和战争的历史,在蒙古族的历史中占有重要地位,又通过战争对人类历史的发展做出了自己应有的贡献,使自己的民族在一段历史时期内得到了繁荣和强盛。所以说,成吉思汗的军事思想和军事辩证法思想,不仅是中华民族的宝贵财富,也是世界人民的宝贵财富。(蒙古学学者 阿木尔门德)

——摘自《成吉思汗军事辩证法思想新探》

国学大师季羡林说:…由于成吉思汗,蒙古学在国际学术界已成为一门显学

孟坤制作

收集到了世界上30多个国家的400多种版本的《蒙古秘史》。

世界的《蒙古秘史》 朝克都那仁制作

联合国教科文组织将《蒙古秘史》列为世界名著，其英译本被收入世界名著丛书

1989 年 6 月联合国教科文组织在巴黎召开的执委会第 131 次会议上，决定《蒙古秘史》为世界名著，其英译本被收入世界名著丛书。

联合国教科文组织给予《蒙古秘史》很高的评价："原著不仅在艺术、美学以及文学方面具有卓越性，从语言的优美及其特色方面来说，也是一部蒙古文学史上无与伦比的著述，而且理所当然地列入世界原创艺术的瑰宝之列。承认《蒙古秘史》750 年来作为东方历史、文学巨著，蒙古、中亚其他国家的重要历史文献之一，不仅是蒙古的、乃至是全世界文化的有价值的历史、文化作品。"

1990年《蒙古秘史》成书750周年，联合国教科文组织号召各会员国，届时应纪念。根据此决定，国际蒙古学联合会连同蒙古国政府，1990年秋在乌兰巴托联合举办《蒙古秘史》成书750周年国际学术研讨会，有30多个国家和地区的几百名蒙古学家赴会。在《蒙古秘史》诞生地阔迭额阿刺勒召开大型那达慕大会，并组织各国与会学者赴成吉思汗诞生地迭里温孛勒塔黑参观。2000年11月中国社会科学院隆重举办《蒙古秘史》成书760周年纪念会。

❀ 《蒙古秘史》
是蒙古人自己撰写的第一部成吉思汗传

日本著名蒙古学学家、国际蒙古学协会主席小泽重男教授最新研究成果证实，《蒙古秘史》是蒙古人自己撰写的第一部"成吉思汗传"。

小泽重男教授认为，从《蒙古秘史》的卷一第59节至续二卷（十二）268节，撰写的是成吉思汗的传记。此部分占《蒙古秘史》全部282节的五分之四左右。《蒙古秘史》的主要内容是成吉思汗的出生至死的戎马生涯。所以，应该说《蒙古秘史》是蒙古人自己撰写的第一部"成吉思汗传"。

——摘自《〈蒙古秘史〉的世界》，内蒙古人民出版社，1998年版

日本著名蒙古学学家、国际蒙古学协会前任主席小泽重男教授

小泽重男（1926—）国际蒙古学协会主席，曾任日本蒙古学会会长，长期在东京外国语大学执教，兼任内蒙古大学、蒙古国立大学名誉教授和蒙古国科学院海外院士，是国际著名的蒙古语言学家。

❀ 蒙古国根据总统的命令《蒙古秘史》将被
千家万户收藏

蒙古国发行的《蒙古秘史》

新华网乌兰巴托2004年12月23日专电（记者郝利锋）根据蒙古国总统那楚克·巴嘎班迪的命令，为普通百姓专门出版的《蒙古秘史》不久即将问世。

蒙古国总统那楚克·巴嘎班迪今年2月号召蒙古国每家每户都保存一本《蒙古秘史》，以发扬蒙古传统文化，教育后代成长。为此蒙古国将发行两种新版《蒙古秘史》版本，一种版式只出版一本，将被蒙古国国家礼仪官收藏。另一种版本则将用旧蒙文和新蒙文并行排版的方式出版发行，供蒙古普通百姓收藏。

联合国教科文组织将《蒙古秘史》列为世界文化遗产，其英译本被收入世界名著丛书

波斯画

✿ 学者建议：在开设古代哈萨克语研究课程时，将《蒙古秘史》作为范本引入教学课程

　　哈萨克族学者艾克拜尔·米吉提在"关于《蒙古秘史》成书、传播、以及哈萨克译文版对照"中说：虽然历史上成书的畏兀儿体蒙古语《蒙古秘史》早已佚失，从而无法窥其原貌。但是，毕竟流传下来汉字标音《元朝秘史》，且有明代总译本可以参照。只是许多学者在力图将其复原为蒙古语的同时，忽略了用畏兀儿语、哈萨克语参照研究，未能超越自身的局限。

　　由畏兀儿必阇赤（书记官）们根据蒙古人口述记录的《蒙古秘史》，将浓厚的畏兀儿语发音方式乃至词汇带入了记录中，使一些突厥语族草原民族诸如哈萨克语发音方式走形，特别是一些草原游牧民族，生产和生活中，特定名称和词汇发音走形，也使蒙古语读音几近变异。突厥语是借助哈萨克语这个文化过渡带，深深影响蒙古语的，而其他突厥语族部落、民族几乎没有与蒙古草原直接接壤，包括畏兀儿人。因为哈萨克人与蒙古人交织在一起，克烈（客列亦惕）、乃蛮、弘吉剌、蔑儿乞惕、札剌亦儿、康里、

钦察等哈萨克部落，与蒙古成
吉思汗或战、或和、或归附，
其历史密切相关，其草原经济
生产形态及生活方式是相同的，
过去的精神生活方式也很相近，
如均信奉图腾崇拜，崇拜"苍
狼"，崇拜萨满"巴合乞"bakhsi。
柯尔克孜族则同样崇拜母鹿。
对于一个民族群体，语言与文
化的影响，在古代是要靠另一
个民族群体的日常行为才得以
实现的，也就是常言所说的"耳
濡目染"。而不是靠一两个使
节的抵达，或一两个商旅的经
过实现。即便是传教活动，传

哈萨克文《蒙古秘史》

教士也只能借助所到之地的特定民族语言传播宗教教义，而不能
传播另一种民族的语言。因此，元代畏兀儿必阇赤（书记官）们
带着浓厚的畏兀儿语音记录蒙古人的口述历史，后被明代以汉语
读音音译转写时，留下了很深的语音局限。以致后世没有突厥语
准备或根基的学者，很难解开一些看似简单的谜团。

撰写《蒙古秘史》，畏兀儿必阇赤（书记官）们做出了历史
贡献。艾克拜尔·米吉提认为，《蒙古秘史》是由畏兀儿必阇赤（书
记官）们，用畏兀儿文记载蒙古语叙述，由此成书的。当然，也由
此留下了无数的历史谜团，尤其是在《蒙古秘史》的语言、语音、
词汇等方面，不可避免地留下了他们的痕迹。

众所周知，成吉思汗崛起于朔漠之时，蒙古民族尚没有文字。
是在西征乃蛮太阳汗之际，俘获怀印逃去的乃蛮大臣——畏兀儿人
塔塔统阿，成吉思汗问"是印何用"，方得知"出纳钱谷，委任人才，
一切事皆用之，以为信验耳。"从此开始"凡有制旨，始用印章，
并命塔塔统阿居其左右，仍掌管印章。""遂命教太子诸王以畏
兀字书国言。"显然，从13世纪初，蒙古民族才开始借助畏兀儿
文书写蒙古语的历史。但在当时的历史条件下，这种文字并没有
在蒙古族百姓中普及开来，只是在"太子诸王"这个狭小的高端
层面上学习掌握。因此，大量的朝廷文书工作，均由出身畏兀儿
或其他来自西域部族掌握畏兀儿文的必阇赤们担当起来。

因此，建议在哈萨克语言文学系开设古代哈萨克语研究课程
时，将《蒙古秘史》作为范本引入教学课程。同时，学界在推出
新的哈萨克文译本过程中，加强对《蒙古秘史》各版本比较研究，
真正解开一些难解之谜。

——《新疆社会科学》哈文版 2005/4 期、2006/1 期

世界上出现了寻踪成吉思汗墓的国际竞赛—盘点各国探险队寻找成吉思汗墓历程

1227 年，成吉思汗在征讨西夏的途中溘然长逝。成吉思汗临终前命令秘不发丧，以免涣散军心。从此，再也没有人知晓成吉思汗墓的真实所在。

800 多年来，无数的历史学家、考古学家、地质学家、盗墓者和探险家试图寻找到成吉思汗的墓地。

来源：国际在线专稿 2012 年 12 月 10 日出版的美国《新闻周刊》杂志封面。文章内容：成吉思汗是世界上最著名的征服者，在这位 13 世纪的帝王去世时，他统御着世界上版图最大的帝国。尽管他已经去世了 800 多年，但无数历史学家和寻宝人仍在寻找他的墓穴。（沈姝华）

《新闻周刊》：寻找成吉思汗之墓

江上波夫无功而返，寻找成墓的活动从未中断，200 多年中，有 100 多个考察队。近年来更是升温，匈牙利、波兰、美国、日本、意大利、德国、法国、加拿大、俄罗斯、土耳其、韩国等十多个国家都投入了巨大的人力和物力。

1990 年，80 岁高龄的日本考古学家江上波夫，与蒙古国科学院合作，斥资上亿美元，采用了当时最先进的技术——遥感、卫星照片分析、航测飞机、地球物理学的地下勘探、田野考古研究——在蒙古国内克鲁伦河畔的"起辇谷"，像篦头发一样寻找成吉思汗及其他蒙古皇陵。拉网式的考察进行了 3 年，1993 年，又作了一次补充性调查。结果，江上波夫找到了 3500 座 13 世纪之前建造的古墓，并且发现了成吉思汗时代的古城遗址，但成墓，却始终没有踪影。

最后，这位被称为研究"骑马民族"之父的考古学家，留着终生的遗憾离开了蒙古高原，打道回府。

美国人的探险毫无结果。2000 年，另一支航空遥感考古勘察队重新进入蒙古高原，利用美国制造的精确 GPS 卫星定位系统和清晰度更大的卫星遥感影像，大有找不到成墓绝不收兵的雄心壮志。2000 年 7 月，从蒙古国首都乌兰巴托一架波音 747 客机走出的美国探险家穆里·克拉维兹，表下了这样的决心。

穆里·克拉维兹是一位律师，也是一位亿万富翁。20岁时，克拉维兹在驻德美军服役，一个偶然的机会，看了哈罗德·兰姆所写的《成吉思汗，全人类的帝王》一书，从此，他便迷上了成吉思汗。2000年初，69岁的克拉维兹宣布了自己的探险计划——在3年的时间里找到成吉思汗墓！他组建的探险小组由15人组成，包括芝加哥大学野外博物馆亚洲人类学馆长贝尼特·布朗森、芝加哥大学中东历史系教授约翰·伍兹博士和蒙古国科学院院士沙格达伦·比拉，基本上都是世界顶尖科学家。

克拉维兹几乎拿出自己的全部积蓄，到蒙古国生活了6年。2000年末，探险队将考察范围缩小到三个地点。第三个地点，是最为神秘和曲折的一个地点，也是令克拉维兹和美国媒体欣喜若狂的一个地点。这个地点，就是宾得尔山北面的乌格利格其贺里木。据《蒙古秘史》载，宾得尔山曾是成吉思汗祭祀、朝拜的地方，山上除了有蒙古400多个氏族的牌位外，还有用各种文字写成的碑文。有传说认为，成吉思汗父亲的遗体就安葬在那里。在牧羊人的指引下，探险队终于来到了这段石墙。它长达三四公里，全是由石头垒起来的。在石墙内的山脚下，他们找到了60座尚未被发掘的坟墓。通过对地面找到的瓷片进行年代分析，探险队发现，它们都与成吉思汗生活的年代相吻合。又经过一段时间的考察，克拉维兹向全世界宣布，他找到了成吉思汗陵墓！

2002年6月，由伍兹博士领衔的队伍获准开始挖掘。考古队挖出了一些石制的蛇形墓葬品和一些萨满教的祭祀用品。令他们没有想到的是，地下的墙中竟然布满了毒蛇，它们昂首吐信扑向考古队员。一个月内，接连有数人被毒蛇咬伤。消息传出，一些蒙古国百姓认为，这是成吉思汗英灵在"显圣"。

世界上出现了寻踪成吉思汗墓的国际竞赛——盘点各国探险队寻找历程

一代天骄

任志明制作

任志明制作

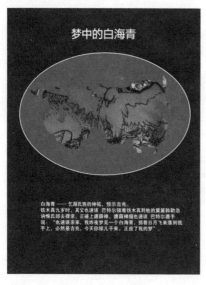

梦中的白海青

白海青——乞颜氏族的神祇，预示吉兆。
铁木真九岁时，其父也速该·巴特尔强着铁木真到地的属属斡勒忽
调惕氏部去提亲，正碰上德薛禅。德薛禅捆也速该·巴特尔的手
说："也速该亲家，我昨夜梦见一个白海青，捆着日月飞来落到我
手上，必然是吉兆，今天你领儿子来，正应了我的梦"。

纳日黎歌画 孟坤制作

不久，当地政府经过调查，发现克拉维兹探险队手续不全，下令他们停止挖掘并撤出该地区。克拉维兹探险队撤出后，蒙古国政府组织了相关专家，包括芝加哥大学的伯西荷教授和蒙古国考古研究所副所长库哈教授，对那片墓地进行了勘察。他们认为，在荒凉偏远的肯特山区，存在如此数量众多、规模庞大的墓群是极不寻常的。总之，最后得出的结论是，克拉维兹考古探险队找到的，不过是大量假墓地中的一块。

前仆后继的探秘者克拉维兹走了，但更多的人仍在试图寻找解开成墓秘密的"钥匙"。

2003年10月，另一支日蒙联合调查团又对外宣称有了惊人发现：他们在蒙古国阿乌拉甘遗址进行调查时，发现一座建在四角形基座上的13到15世纪的灵庙遗迹。

这一调查团依据中国史料，认定乌兰巴托东部约250公里的阿乌拉甘遗址为成吉思汗的官殿。在灵庙内，发现了为祭祀成吉思汗而烧马等"烧饭"仪式的证据，南侧也出土了作为皇帝象征的龙纹样的香炉。随后，得到日本一家大报赞助和蒙古国政府支持的调查团开始了寻找和发掘工作。但是，这些日蒙专家们仍没能迎来"见证奇迹的时刻"。他们发掘了两三百座古墓，但无一是成墓。

2008年10月底，美国加州大学圣迭戈分校发布新闻公报，一支由艺术、建筑和考古等科研人员组成的8人考察队准备前往蒙古国，计划在3年时间内用最先进的探测技术寻找成墓。他们将以三维立体图的方式复原陵墓。而且，他们想把这个项目做成互动研究项目，建个网站，让全世界网民在网络上"晒"卫星照片。研究人员挑选有价值的图片，为寻找成墓提供线索。不过，到目前为止，并没有令人欣喜的信息出现。

当年蒙古国总统巴嘎班迪访华时说："成吉思汗在他的遗嘱里说过，他的陵墓永远不让世人知道。我们遵循成吉思汗的这一遗嘱。我认为，成吉思汗陵墓在什么地方就在什么地方，这并不重要……让它永远成为一个谜底似的问题，使那些愿意猜谜底的人继续猜这个谜底吧。"（记者/乐艳娜 2012年6月16日）

——来自《环球》杂志 第12期

世界各国争论
成吉思汗陵墓在何处

❈ 世界神秘古迹：成吉思汗墓原来在这里

在过去100年,考古学家们在世界各地找到了很多惊人的发现。这些发现不仅帮助人们了解了地球生命的起源,也用一种近乎不可能的方式讲述了历史、考古以及古生物学方面的知识。下面是过去100年来十大最罕见的考古发现,其中就有中国的成吉思汗墓地。

1、意外发现玛雅"太阳神庙"

2、玛雅壁画推翻末世之谜

3、约旦铁书

4、Marcahuasi 高原

5、鼠王

6、加利利海上"耶稣船"

7、安氏兽属

8、乌鲁布伦沉船

9、卡布韦颅骨

10、马其顿菲利普二世的坟墓

11、安斯梅多国家历史遗址

12、成吉思汗墓地被发现

哈斯朝鲁篆刻

近日,在美籍华裔科学家林宇民的带领下,通过上千名网上志愿者对 84000 张卫星成像的分析比较,科学家们或许可以找到成吉思汗陵墓的所在地。

通过对超过 6000 公里地点的仔细搜索,他们找到了 55 个疑似陵墓的地点,下一步将进行深入的田野考察一一排除。这可能意味着,我们可能离发现陵墓越来越近了。

——来自中国日报 发布时间：2015-12-22

沙雕：成吉思汗

哈萨克斯坦专家称成吉思汗墓地在哈境内

侨报网 2007 年 8 月 30 日电　数百年来，一代天骄成吉思汗死后安葬的地点一直是个谜。哈萨克斯坦历史学家弗拉基米尔·奥斯科尔科夫日前在接受记者采访时称，据他考证，成吉思汗死后被葬于哈萨克斯坦。

他透露，已向有关部门提出前往相关地点进行实地勘探的要求。这给本已扑朔迷离的成吉思汗墓地之谜又增添了一种说法。

由于成吉思汗在死后实行的是"密葬"，所以后人始终无法确定他墓地的位置。总体来说，普遍比较认同的可能地点有四个：其一，位于中国甘肃和宁夏两省交界处的六盘山；其二，位于中国内蒙古自治区鄂尔多斯鄂托克旗境内的千里山；其三，位于蒙古国境内的肯特山以南，克鲁伦河以北的地方；其四，位于蒙古国的杭爱山。而据奥斯科尔科夫考证，成吉思汗的墓地位于哈萨克斯坦境内的列宁诺戈尔斯克地区（旧称"里杰尔"）。

奥斯科尔科夫说，成吉思汗在生前曾亲自指定阿尔泰山脉一处人迹罕至的地方，作为自己将来的安葬之地。据奥斯科尔科夫考证，此地就在哈萨克斯坦境内的列宁诺戈尔斯克地区（旧称"里杰尔"）。考古学家曾在那里发现了石器时代的人类遗迹，却没有发现青铜器时代和铁器时代的人类遗迹。奥斯科尔科夫认为，这很可能是人为所致，即那里被人为划定成了禁区。他由此判定，这就是所谓的"成吉思汗墓地禁区"。（编辑：王枫）

❀ 我国著名佛教考古学家温玉成教授考察丹巴后透露成吉思汗陵墓可能在甘孜州丹巴县

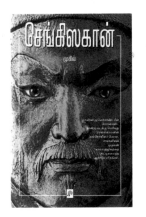

图来自印度塔米尔文
《成吉思汗》

本报讯（记者根秋）2011年4月29日至5月1日，中国著名佛教考古学家、龙门石窟研究所原所长、研究员温玉成教授应州委书记刘道平的邀请在我州丹巴县境内考察了成吉思汗陵墓之谜，通过实地考察后，温教授向记者透露："成吉思汗陵墓可能在甘孜州丹巴县境内"。

温玉成教授是日本媒体报道成吉思汗陵墓，在川西甘孜州境内之说后，国内第一个站出来，从学术理论分析为什么成吉思汗陵墓在川西的学者。2009年9月28日，日本共同社和中国新闻社先后发布了《成吉思汗墓可能在四川，洞中保存木乃伊》的新闻。2009年10月15日，中国著名佛教考古学家温玉成站出来，向河南《大河报》记者亮出了他的研究结果。《大河报》整整用一个版面报道了温教授，解读成吉思汗葬于川西的学术观点。引起了国内外的强烈反响，上百家国内外媒体转载了这篇报道。

人称中国佛教考古界"四大天王"之一的温玉成教授，由于一次偶然的机会，让他走上了破解成吉思汗陵墓之谜的学术之路。2010年9月25日，温教授在内蒙古考察嘎仙洞时，在与呼伦贝尔市委统战部部长孟松林谈话间，孟先生说及成吉思汗陵墓可能在四川大金川、小金川之间。孟先生说，有位厨师说了很多关于成吉思汗陵墓在四川的故事。孟先生问温教授四川方面是否有熟人能给个方便，若有，可一同实地考察。温教授回到北京后，开始查阅相关史料，史料表明："成吉思汗葬身四川是有可能的"，并画出了成吉思汗死前一个月的作战路线，大胆分析了从甘肃清水到大小金川的详细路线图，初步认定成吉思汗陵墓在川西。

在丹巴考察期间，温教授拜访了许多民间老人和高僧大德，分析了地理位置和地名，同时寻找了考古资料，查阅了地方文献。考察结束后，温教授激动地告诉记者："这次丹巴的考察更进一步验证了我的推理和分析，实地考察时发现了墨尔多和鄂尔多、成吉思汗忌日和当地节日有着某种联系。丹巴和蒙古也有着密切关系，从领歉寺找到了八思巴文写的对联是最有说服力的考古证据之一。我十分满足这次考察活动，这些考察资料为更进一步确认成吉思汗陵墓在川西丹巴境内的判断和分析提供了重要依据"。

——《甘孜日报（汉）》 2011.05.03

❀ 成吉思汗墓或在四川尸体制成木乃伊

【侨报网讯】据中新网引述日本媒体报道，一位被认为是成吉思汗后裔的中国女性日前向民间历史学家透露："（成吉思汗）墓地在四川省甘孜藏族自治州"，洞中有大量财宝，还有制成木乃伊的成吉思汗尸体。

"共同社"消息，就世界史上最大的谜案之一、在13世纪建立了蒙古帝国的成吉思汗坟墓之谜，记者28日获悉被认为是成吉思汗后裔的一位中国大连的女性向民间历史学家透露"墓地在四川省甘孜藏族自治州"。历史学家赴当地调查后发现了该女性所说的洞窟。

报道中称，据说为了避免盗墓，该消息被当作绝密。就成吉思汗的墓地所在地，有在蒙古或中国内蒙古自治区等之说，至今也没确定。如果墓地经确认将成为重大发现，中国相关部门已于9月开始进行调查。

据北京的历史研究学者滕木其乐（54岁）介绍，提供墓地信息的是蒙古族女性乌云其其格（80岁），她被认为是成吉思汗的第34代子孙。墓地的位置从祖辈开始通过口头传承至今，家人每4年都会拜祭一次。

据介绍，墓地在山里的洞窟内，乌云其其格透露墓地里藏有很多财宝，包括当时的战利品和书籍等。洞窟里有很多洞穴，其中一个保存着制成木乃伊的成吉思汗尸体。根据她的描述，滕木其乐去年7月赴当地调查，确认了洞窟的入口。

——共同社报道 2009年09月29日

❀ 成吉思汗陵寝位置探秘研究在宁夏有新发现

宁夏退休地质工作者王景武通过四十年的蒙元历史研究和实地考察，近日大胆而自信地对外宣布：成吉思汗陵寝就在宁夏贺兰山插旗口。今年63岁的王景武是一个执着的蒙元历史迷，四十年来一直没有中断过对成吉思汗陵墓的探寻。大量地通读蒙元史书史料，探访走遍了与成陵墓有关的中外地区，终于发现了成吉思汗埋葬地点的秘密。

记者在王景武先生的引领下来到插旗沟鹿盘寺一带现场看察，被指为成吉思汗真正陵寝的地方果如王先生所言。在六盘寺前面两侧，有两座月牙形的小山，形状酷似也客斡特克。王景武告诉记者，在内蒙古有一个传说：铁木真（成吉思汗）生于此，故死葬于此。"此"并非地名，而是也客斡特克的地方。也客斡特克蒙语意思为女性生殖器。从这出生，死后葬在与这非常相像的地方。记者看到，鹿盘寺坐西朝东，依山望水，后殿现保留较为完整，中殿前墙的青砖地基依然完整，唯独前殿已经不见踪迹，留有较大的一片空地。两层大殿遮挡住成吉思汗墓,有一条甬道直通大殿。

王景武在现场对记者分析说,成吉思汗陵墓的平面图是典型的"人面穴"造型,即龙脉之顶级。墓侧两个泉水的出处为人面造型两眼。下边是耶律楚材所作六层长方形梯田,这当是"六盘山"名称的来历。从高处往下看,这六块梯田犹如"乾卦",中间那条甬道又使乾卦变为坤卦,这很可能象征着大汗虽死,仍能主掌乾坤。

他在贺兰山东麓多个山谷陆续发现了至少二十五座疑似蒙元时代的帝陵级大墓,是名副其实的"帝王之谷"。

王景武提出的元帝陵"贺兰山说",包括成吉思汗在内,托雷、窝阔台、贵由、蒙哥、忽必烈等蒙元各大汗和皇帝的陵墓及陪葬墓都在这里,还有一些带有穆斯林风格的汗国的大汗墓葬。经过初步研究,这些疑似帝陵的主人也基本上能一一对应地指认出来。

贺兰山有丰富的历史文化遗存,成吉思汗陵墓,蒙元帝王的陵墓群,这隐藏了近800年的历史之谜,会在贺兰山揭开真面目吗?记者在现场的探察时就有了一种神奇的感觉,这些丰富的遗存从多方面给人以强烈的信息冲击,这些不可能是普通百姓的陵墓。在大量学习蒙元历史后,记者更有了信心。(记者 廉军)

——来自国际在线消息 2012 年 6 月 13 日

世界各国争论成吉思汗陵墓在何处

成吉思汗与夫人 呼伦贝尔博物馆

❀ 华裔科学家高科技探成吉思汗墓

【记者洛杉矶报道】加州大学圣地亚哥分校的华裔科学家林宇民博士（Dr. Albert Lin），是个华裔和高科技版的"印第安纳琼斯"。他将利用先进的可视化技术精确定位成吉思汗的墓地，揭开这个 800 年之久的神秘之谜的谜底。

三年前，到中国做寻根之旅的林宇民，徘徊在人潮汹涌的北京火车站，他本来要前往西安，但人生地不熟的他却误乘上了去内蒙古的火车，就这样他阴差阳错地来到了内蒙古草原。当地淳朴的牧民接待了他，他被当地人历代相传的大汗传奇深深吸引住了，这与他在美国课堂上所学的是如此的不同。到底什么是历史事实，什么是民间传说？

三年后，林宇民决定用自己的知识和特长来还原这一段神秘的历史。他的博士专业是材料科学，另外，他还爱好探险、摄影和旅游。林宇民表示，"我的族裔背景、学科和爱好决定了我选择了寻找可汗墓地的项目。"

他说："成吉思汗是历史上最杰出的人物之一，但是他的一生经常被解读为一个嗜血成性的武士。在西方，没几个人知道他的贡献，但是他统一了战火不断的各个蒙古部落，建立了一个统一的强大帝国。他把东方和西方联结在一起，这才使得马可·波罗东方之行成为可能。他试图创建一个世界交流中心，他建立了国际关系领域的桥梁，这些我们至今仍在使用。成吉思汗作为一个伟大的人物，却没有留下任何有关他的葬礼的蛛丝马迹，这就是我们要使用新技术解决这个谜题的原因。"

林宇民和他的同事希望利用先进的可视化技术，精确定位成吉思汗的墓地。他希望利用非介入技术，能够帮助他。在不对周围环境进行破坏的基础上，成功发现成吉思汗的墓地，并利用各种光谱和成像技术，再现虚拟的墓地结构。

他解释道：一旦我们将内蒙古地区的范围缩小到某一个确定的范围，我们便能使用探地雷达技术、电磁感应法、测磁法来展开非破坏性的、非入侵式的调查。然后，我们将和加利福尼亚大学圣地亚哥分校电子工程系的研究人员，一起进行视觉检测，创造该地点的高分辨率的 3-D 画像。

——《侨报》记者吴健 2008 年 10 月 21 日

各国青年
重走"成吉思汗之路"

蒂姆·科普的探险队

⊗ 奇险峻美!
澳男子花三年骑马重走成吉思汗征服之路

　　2015年12月20日凤凰网报道,一名澳大利亚男子花费三年时间重走成吉思汗征服之路,深入了解了世界最偏远地区人们的生活,最终被评为澳大利亚最伟大的50位探险家之一。35岁的蒂姆-科普是一名来自澳大利亚维多利亚州的探险家,他花了三年的时间骑马从蒙古国出发,途径哈萨克斯坦、俄罗斯、乌克兰,最终到达匈牙利。整条路线贯穿欧亚大草原,冰雪覆盖的阿尔泰山脉、热气逼人的哈萨克斯坦沙漠,整个路程达1万公里。上图的狗,名叫Tigon是一只哈萨克斯坦猎犬,6个月大的时候被科普收养,陪伴科普走完整个旅程。科普称,自己完全是通过一种游牧的方式走完全程的。整个旅程中,他骑过三匹马,一峰骆驼,还有一只哈萨克斯坦猎犬忠诚地陪伴在身边。途中,他受到了当地人的热情款待。同时,他对沿途人们的生活和文化有了深入的了解,也与那里的人与动物结下了深厚的情谊。这匹阉割过的马为科普驮了三年的行李,如今依然健在。

——新浪体育 2015年12月22日12:08

❀ 美国蒂姆·谢韦仑骑马横跨大草原，探寻成吉思汗的经历

美国探险家谢韦仑（Tim Sererin），出生于 1940 年，毕业于牛津大学地理系。与成吉思汗结缘，或许源于在牛津大学撰写毕业论文，研究 13、14 世纪蒙古帝国统治期间，欧洲人第一次深入中亚心脏的历程，这些被他称为"坚韧卓绝的勇士"包括中国人熟悉的马可·波罗。

1990 年 7 月 16 日，谢韦仑一行从蒙古出发，开始骑马横跨大草原，探寻成吉思汗的经历。后来他据此写下了《寻找成吉思汗》（In Search of Genghis Khan）一书，后由台湾马可·波罗出版社翻译成中文。在出版社的帮助下，如今定居在爱尔兰的谢韦仑向记者回顾了给他印象颇深的几个片段。

"我发现，成吉思汗在蒙古是一个全国为之疯狂的英雄象征——广告招牌、邮票、日历、海报，有几个让我搭'便马'的牧民，头上扁帽的后侧，帖了小小的成吉思汗肖像。"谢韦仑说，蒙古的报纸曾举办一个活动，请全国人民为乌兰巴托新建的亮丽的旅馆取个名字，结果回响如潮水般涌来。全部说它该叫成吉思汗旅馆。

——摘自《三联生活周刊》，2004 年 39 期

❀ 中国台湾寻找成吉思汗足迹远征队完成壮举

中国台湾寻找成吉思汗远征队，于 2000 年 4 月 27 日离开中国台湾，寻访公元 1219 年成吉思汗远征的足迹。

远征队昨天在莫斯科普列汉诺夫经济学院商贸文化中心举行记者会，宣布历时 20 个月、历经 10 个国家、行程 11000 公里的寻找成吉思汗的远征壮举已经完成！这支 6 名队员组成的队伍，是从 324 名报名者中挑选出来的。出发前，集中训练了 6 个星期。主办这项活动的山河探险理事长徐海鹏，还阅读了手头上的五六十本关于成吉思汗的历史书，最后制定了一条"现代版"的行军路线。走完全程的有陈仲仁、赖信宏与周燕妮 3 名队员。

据中国台湾媒体报道，远征队队长陈仲仁激动地说，5 天前他们在乌克兰克里米亚半岛最后 100 公里，碰到零下 30 度的严寒气候。他们真不敢相信现在能站在这里，告诉大家他们已经走完全程！

中国台湾山河探险协会推出的中国台湾陪走团，到克里米亚半岛陪远征队一起完成了最后 100 公里。

徐海鹏表示，这段长达 11000 公里的旅程，对于远征队员可说是体力、毅力与耐力的大考验，途中虽然碰到许多身体不适的症状，但令人欣慰的是仍有 3 位队员完成了壮举。（发宝）

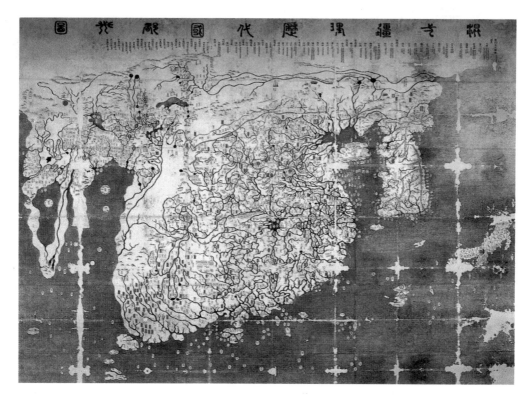

元代混一疆理历代国都之图　王大方提供　孔群拍照

日本发现最早绘制的世界地图
——元代《混一疆理历代国都之图》

　　《混一疆理历代国都之图》是由两幅早期的中国地图混编而成，分别是李泽民于 1330 年的声教广被图和清浚 1370 年的混一疆理图。1402 年经金士衡和李茂初步考订，由李荟详细校对，由权近补充高丽和日本部分，最后在绢上绘制成宽四尺（1.30 公尺）、长五尺（1.6 公尺）的新图。该地图现存两份，均保存在日本。

　　《混一疆理历代国都之图》仍保存 着元代绘画舆地总图的艺术风格。该图绘画范围：东自高丽和日本列岛；东南绘出了麻逸（今菲律宾的吕宋岛）、三屿（今菲律宾的巴拉旺岛）等岛屿；西南绘有渤泥（婆罗州），三佛齐（今苏门答腊岛）、马八儿（今印度的马拉巴尔）等；正西 绘出了三角形的非洲大陆及欧州地区；北面已绘到大泽（今贝加尔湖）以北一线。从地图内容上看，尽管未画出元代疆域界线，但元朝各行省及所属各路、府、州等行政名称均用汉文标出，十分详细。图上所有山脉用形象符号表示，大小河流采用双曲线画出。长城如同一条飞腾的巨龙，形象逼真。海洋之水绘有波纹。显然这均 是中国宋、元时期古地图的传统画法。尽管这幅舆图是摹绘本，也实属罕见。它不仅体现了元朝绘画舆地图的 科学技术水平，更重要的是，它反映了早在欧洲人绘制的世界地图一百年前的中国元朝，中国人就对亚洲、非洲等地有了很清楚的认识。 该图上就绘有好望角，在非洲展览时引起了轰动。

内蒙古考古学家发现 700 年前绘制的蒙古四大汗国羊皮古图——《加泰罗尼亚地图》

这是一幅蒙古四大汗国地图与航海图，1375 年由西班牙阿拉贡王国马略卡地图学校负责绘制，共用了 6 张细羊皮，用时一年；图卷长 300 厘米，宽 65 厘米。正本收藏在法国国家博物馆。

该地图最为重要的部分是对当时东方世界的描绘，例如在地图上对中国元朝首都标注其名称为"汗八里"，并绘出忽必烈皇帝像。还描绘了蒙古的金帐汗国、伊利汗国、察合台汗国，画出每一个统治者的画像。

该地图的问世，对世界产生了很大的影响，特别是对西班牙国王以及航海家哥伦布的影响很大，成为许多航海家、旅行家、使者了解东方世界的必备地图，因而具有重要的历史意义。考古学家王大方说：这幅地图为研究"草原丝绸之路"特别是 14—15 世纪东西方经济文化交流提供了重要的历史依据。

四大汗国羊皮古图　王大方提供　孔群拍照

梵蒂冈千年秘档被收录成书结集出版

罗马教皇英诺森四世

　　罗马教廷日前公开了一封七八百年前由贵由大汗发向欧洲的一封国书——致罗马教皇英诺森四世的信，及梵蒂冈秘密档案馆收藏千年的105份"秘密档案"。这些档案1000多年来，教皇同各时期的诸多历史名人间的书信往来，教皇的通信对象包括莫扎特、米开朗琪罗、希特勒、苏格兰玛丽女王、北美印第安部落以及成吉思汗的孙子贵由汗等。

　　1246年，成吉思汗的孙子贵由汗曾接待了一位来自欧洲的使者，他给当时的罗马教皇英诺森四世写了一封信。在这封于次年抵达欧洲的信中，贵由要求教皇亲自带着他所有的"国王们"到中亚来以表"臣服"。信中还威胁说，否则"你们将成为我们的敌人"。在信中，贵由汗对于之前教皇的来信进行了回应。他表示他不理解为什么教皇要求他受洗礼，他强调他不会从已经占有的土地上撤退，并且对于教皇认为双方应平等相处的表示，表现出了不以为然。该信的正文以波斯文写就，前言是土耳其文，日期是阿拉伯文。

　　档案中有许多正式函件，都凸显了罗马教廷作为一个政治角色在世界上的地位。这些秘密档案，目前被公开，收录成书，结集出版。

　　　　现藏梵蒂冈皇家档案馆

成吉思汗大军曾跨海到
东南亚的婆罗洲

由右至左：联合国和平基金会副主席萧诚、公爵谭英东、亲王陈志强、
联合国大法官 AidunNaidu、国王梁田、国王姐姐沈秀美

据香港《成报》2010 年 2 月 3 日报道：位于东南亚婆罗洲苏禄群岛和棉兰老岛的佳燕皇朝，第五世王梁田国王的立位典礼于 2010 年 1 月 28 日在香港举行。此乃婆罗洲苏禄群岛棉兰老岛佳燕皇朝第五世 Allen Neoh Weng Wah（梁田），联合国于 2009 年 5 月 3 日以编号 KOB 的法律文件据史实给予确认。

在 1963 年佳燕皇朝将北婆罗洲沙巴以及沙捞越出租予马来西亚，于 2009 年已到期。佳燕皇朝的历史可追溯到 13 世纪元朝蒙古大军从中国大都远征东南亚，在婆罗洲和苏禄群岛建立了佳燕皇朝。16 世纪被葡萄牙统治，17 世纪被荷兰统治，19 世纪为英国殖民地，其后于 1963 年摆脱了英国统治而获得独立。五世梁田毕业于英国剑桥大学，曾任马来西亚总统经济特别顾问，亦任联合国世界和平协会主席、联合 S.A.V.E. 道基会理事。

皇朝位于棉兰老岛。棉兰老岛菲律宾第二大岛，也是世界第 14 大岛。位于菲律 群岛南部，北与米沙鄢群岛相望，西与巴拉望岛、苏禄群岛等相邻，南为加里曼丹岛。棉兰老岛形状不规则，面积 94.630 平方公里（36.537 平方英里），南北长 471 公里（293 英里）东西宽 521 公里（324 英里）岛上多半岛，南有达沃和莫罗（Moro）湾，北有伊利甘（Iligan）湾，将海岸噬成锯齿形。长长的半圆形的三宝颜半岛向西南延伸至苏禄群岛和婆罗洲。（凤凰资讯台 1 月 31 日）

又讯：一时间"佳燕皇朝"这个并不为多数人知道的名字成为了各大媒体竞相关注的焦点。史料记载，13世纪元朝蒙古大军从中国大都远征东南亚，在婆罗洲和苏禄群岛建立佳燕皇朝。联合国世界和平协会上海分会会长陈春说：我所知道的佳燕王朝是从13世纪开始，我们的成吉思汗当时的大军已经到了普罗洲了。香港中华文化总会副会长谢纬武说：普罗洲也有它远古的文化，我们人类各地方，各个地区，各个大洲，都有它的文化根源，有它的历史背景。所以这个文化，不是单一的，这个世界不可能有单一的文化。普罗洲的历史发展就告诉我们，文化多元，要想它多元化，比如说普罗洲这个王朝，是中国的元朝建立的王朝。应该讲是中华文化和普罗洲当地的文化的结合创立了这个王朝。中华文化对它影响最早，最古老，时间也最长。早到南北朝时代，隋朝、唐朝时代，普罗洲几经派人到中土来，到中国来进贡，到现在一直在影响。而且中国不断地有人前往普罗洲定居。所以今天的华人占75%，这样他就把中国的文化，中华的文化带去，应该讲普罗洲文化和中国文化应该是一个主体。

17世纪荷兰人
把成吉思汗创制的生肉干
做法带到了南非

面包、可乐、生肉干，这是南非黑人每天生活中必不可少的东西。在约翰内斯堡经营肉干生意近40年的华侨马先生告诉《环球时报》记者，他的店每星期就能卖500公斤左右的生牛肉干。

说起生肉干这种南非著名的食品，还跟中国有些联系。当年成吉思汗率铁骑驰骋欧亚大陆，生肉干因其取材和制作方便，成为军队中常见的食品。随着蒙古军队开进欧洲，生肉干的做法也流传到了欧洲。17世纪，荷兰人把生肉干的做法带到了南非。但真正的南非生肉干做法形成于布尔人大迁徙时期。19世纪30年代，定居开普敦的荷兰人后裔布尔人因受到英国人的排挤，开始长达数年的大迁徙。他们赶着牛车，后有英国人的追兵，前有当地部落的阻击，常常风餐露宿，难以觅得食物。有时候他们把偶尔打来的野味挂在马鞍上自然晾干。同时，马行走时的磨擦让肉变得口感更好，而通过含有盐分的马汗的渗入，肉干更便于保存。

——来自新浪河南2010年06月02日

硅谷创新科技博物馆将展成吉思汗史料

【侨报记者圣荷西报道】一个介绍建立庞大蒙古帝国的成吉思汗大型展览，将于下个月在硅谷的创新科技博物馆（201 S. Market St., San Jose, CA 95113）隆重推出。在 29 日举行的庆祝仪式上，该馆馆长称这将是博物馆自开张以来最重要的一次公开展览。

据介绍，这次展出的许多展品都是首次公开露面，其中有 200 多件相当珍贵的历史遗物，包括当时蒙古帝国使用的出入境证件、钱包、银币，甚至男人穿的裤子，以及当时蒙古军队使用的先进武器装备等，从一个侧面帮助参观者了解成吉思汗作为全球杰出政治家之一，是如何征服欧亚两洲，缔造强盛帝国的这段历史。为了凸显展览的特点，在 29 日的仪式上表演了具有蒙古民族特色的歌舞。（记者陆杰夫 2010 年 04 月 30 日）

——来自《侨报》报道

德国学者在蒙古国南戈壁省发现了奇异的亚马逊——蒙古女人

蒙古 mongolcom 网 2015 年 11 月 14 日讯　最近 3—4 年来，蒙古男性基因或被称为成吉思汗超级基因，掀起世界基因研究主要轰动的舆论。被蒙古人占领地区男子的 7% 或近 2.5 千万人被确定有此基因，蒙古男性中几乎是 100% 拥有的随男性遗传而有较强活力的基因被称作成吉思汗基因，已成为好奇的研究对象。

当这个舆论尚未平静下来之时，蒙古女性基因研究成为下一个舆论重点，并震撼了欧洲。在蒙古女性身上发现了神话般的亚马逊女王们的基因。关于亚马逊人，公元前 5—2 世纪的古希腊和古罗马的哲学家和历史学家们凭借希罗多德、柏拉图、亚里士多德等人的依据写道，小亚细亚地区有一个奇特的亚马逊部落王国。这个王国的国王、军队、人口全部由女人组成。这个女儿国的成员个个崇尚武艺，骁勇善战。

她们因传宗接代的需要，每年有一两次袭击邻国，掳来男子，用

德国学者在蒙古国南戈壁省发现了奇异的亚马逊·蒙古女人

亚马逊女人

完之后将他们杀掉，生了男孩儿也要习惯性地把他们消灭掉。与邻国男子相比，亚马逊人更好战、强悍、威猛，传说一些国家的国王们以高额的报酬雇用亚马逊女人做贴身保镖。还传说，亚马逊人为便于交战时拉弓射箭，她们割去右侧乳房。亚里士多德的弟子马其顿的伟大征服者亚历山大虽所向披靡地征服了巴尔干和地中海国家、印度北部及小亚细亚，却从亚马逊王国边界撤退了。

　　然而，欧洲历史学家和考古学家们认定这些并不是神话，而是历史事实。甚至还发现了亚马逊女子，可能是亚马逊女王的坟墓，并从其尸体上提取了 DNA 样本。而后，他们如同之前的所有历史学家们一样，踏上了寻找神话中的亚马逊人的征旅途，他们把样本与欧洲、巴尔干国家的女性 DNA 进行比对，却没有发现匹配的。真如史上记载的那样，亚马逊女性消失了。然而史书上写道，她们为寻找自由和幸福向东方走向了亚洲腹地。于是，德国基因学家和历史学家们一同反复翻阅发黄的历史书页，最终判定亚马逊人迁徙至中亚，而且极有可能驻足在蒙古了。现在，剩下的只是用现代基因方法检验历史的事了。

去年夏天，由德国中央电视台、遗传学家和历史学家组成的考察队到达蒙古。经多方打探，得知在蒙古戈壁有较多疑似亚马逊人那样独立承担起生活的女人，于是他们立即前往南戈壁省。他们找到了有肤色发白、头发发黄的女孩的一些人家。（蒙古人中，我们所说的黄毛丫头不在少数。）电视摄制组到了一户牧民家，等候出去牧羊的黄发女儿的归来。他们将来意告知其家人，并征得同意后，提取了姑娘的血样。

回到德国，把蒙古黄发女孩的 DNA 与亚马逊女王的 DNA 比对的结果，匹配率达到 99.99%。古书记载的历史成为真实，未曾让男人征服过的神话般的亚马逊人后代竟然出现在蒙古戈壁。德国考察队同德国中央电视台联手将自己的考察旅程和研究过程制作成纪录片，并向全德播放后，引起了遗传研究的最新轰动，使得整个欧洲都为之震惊。

历史上不乏执政的自由而桀骜的蒙古女性。从唆鲁禾帖尼至满都海夫人诸多的杰出女性为蒙古的统一做出了不朽的贡献。蒙古黄金家族的历代皇帝们都要从驻牧于蒙古大戈壁南北的弘吉剌特部落娶亲，无不有其深刻的历史意义。如今，弘吉剌特部落后裔、斡勒忽纳氏族分布于蒙古大部分地区。蒙古民族历来以少胜多，英勇无畏，其原因之一或许就在于此。即使是现代，撑起蒙古经济和社会重担半边天的仍是蒙古女性。

古老历史上的桀骜而自由的亚马逊人的后裔蒙古女性，如今作为遗传历史不解之谜，传奇性地屹立于蒙古高原。向世间美丽而智勇双全的蒙古女人致敬。

注："亚马逊"与"亚马逊河"的关系

1539—1541 年，当西班牙探险家弗朗西斯科·德·奥雷利亚纳率探险队从安第斯出发，翻山越岭，从一条称为"圣玛丽亚淡水海"的河流上游驾船沿主航道向下游方向行驶到一片广阔无垠、繁茂浓郁的原始丛林，突然遭到一群手持利器的印第安女勇士突击时，立即使他们联想到了那时广为传说的亚马逊女儿国，从此这条大河就以亚马逊河命名了。(2015-11-23 07:16:25)

各国纷纷拍摄成吉思汗影视 20 世纪 40、50 年代，美国、日本和菲律宾曾拍摄过成吉思汗电影

日本《苍狼》2007

乌兰布统国家影视摄影基地

美国《征服者》（1956）

　　早在 1956 年美国人拍摄了电影《征服者》，该片被认定是《成吉思汗》的大话版本，因为影片中描述的成吉思汗夺取天下是靠金国帮忙，并且还在其大帐的地上铺设了大理石。不过该片有没有公映过依然是个谜，有人说只见过它的海报，并没有看到过电影出现在影院当中。因为当年拍摄该片的 200 多名演员，因为在美国内华达洲核试验基地附近旁取景而受到辐射感染，因此 1956 年这部《征服者》也就因此而获得了"金酸梅"奖的称号。其主演是美国六七十年代著名演员约翰·韦恩，其拍摄的众多西部影片至今脍炙人口，但无人知道它在《征服者》中的成吉思汗形象又会是怎样。1944 年日本人和内蒙古的一个资本家合作摄制过一部电影"成吉思汗"，不过这部电影被赋予了浓重的政治色彩，完全站在侵略者的立场上拍摄的。影史上第二部有关成吉思汗的影片出现于菲律宾，那是一部由菲律宾著名导演卢·萨尔瓦多尔于 1952 年执导的唯一在西方上映过的一部菲律宾影片。影片叙事粗犷有力，战争场面气势恢宏，千军万马刀枪闪烁的场景在菲律宾以前和以后的影片中都非常罕见。演员也各俱特色，如小铁木真的质朴，哲别的忠诚，铁木真母亲的贤淑大义等等。可惜的是影片对成吉思汗的刻画显得苍白单一。他们眼中的成吉思汗，成了一个只知道"左牵黄、右擎苍、西北望、射天狼"的莽汉。导演手法也受到好莱坞的影响，相当夸张。近年来美国陆续来中国商谈拍摄电影"成吉思汗"一事。如，好莱坞导演约翰·米勒到内蒙古，邀请中国专家学者一起探讨拍摄《成吉思汗》的计划，力图塑造一个真实的成吉思汗，还会考虑邀请成吉思汗后裔加盟。身为美国西点军校教授的约翰·米勒曾在 1975 年拍摄过影片《风与狮子》。多年来，他一直从事成吉思汗及成吉思汗军事战略研究。约翰·米勒坦言，在 20 或 30 年前，好莱坞要拍摄这样一部电影，条件还不成熟。现在随着与中国交流日益增多，好莱坞有了更多资源可以利用。美国人西格尔想拍成吉思汗电影的念头已经由来已久。他研究成吉思汗 30 年，与一般的美国人不同，眼中的英雄既不是林肯，也不是马丁·路德·金，而是中国人成吉思汗。他表示"我已经研究成吉思汗 30 年了，他是个伟大的人物和英雄，我非常崇拜他！"

菲律宾《成吉思汗》(1953)　　　美国《成吉思汗》(1992)

✦ 1965年，当时还是西德的德国与英国、南斯拉夫联合出品了《成吉思汗传》，拍摄该片时南斯拉夫还是铁托政府时期

片中的成吉思汗扮演者是埃及籍著名影星奥马沙里夫，该片于1965年6月23日在美国公映，是目前评价为将成吉思汗最国际化的一部作品。

该片在服装上的用心在当时属于战争历史大片的规模，然而当时拍摄手法的约束，使电影中的场景，尤其在战争方面，无法表达成吉思汗时期波澜壮阔的景象。故事中基本表达出了成吉思汗时期的游牧民族特性，但其中扮演铁木真妻子的女星出生在法国，那份浪漫和柔情几乎与蒙古族人的强悍性格有点格格不入。

✦ 1986年在中国内地出现了第一部成吉思汗电影

该影片由内蒙古电影制片厂和北京电影学院青年电影制片厂联合摄制而成。在影片中，我们可以看出导演詹相持尽量以客观的视角，冷静地还原这位第一人的风云一生。从幼年丧父，到复仇结盟，再到统一蒙古，詹相持把这样一段令人荡气回肠的历史故事，讲得冷硬肖劲。尽管他有意穿插了成吉思汗和孛儿帖的爱情，母亲诃额伦的劳苦与隐忍和他少年时候的老成与寒苦，但成吉思汗还是有些程式化。统一蒙古的铁木真固然有勇猛善战的一面，但也不乏有雄才伟略，心思缜密的一面。儿女情长有限地体现了他人的一面，平定部族再现了他将的一面，可他最重要的帅的一面，领袖的一面却又一次地被忽略了。

该片播放后受到了日本方面的高度重视，日方甚至不惜重金引进该片，在国内进行放映。实际上作为中国拍摄的一部成吉思汗影片而言，故事中表达出来更多的内容是成吉思汗当年被迫逼上杀场的故事，一个原本只是要照看兄弟的小男孩，却终于不忍被他人欺凌，靠13付铠甲起了家。

成吉思汗的
扮演者德力格尔

❀ 时隔九年之后，内蒙古电影制片厂单独摄制了又一部有关成吉思汗的影片，定名为《一代天骄成吉思汗》

导演塞夫、麦丽丝夫妇，这一次给我们讲述了一个有些不一样的成吉思汗。

成吉思汗具有了一种迷人的人性的光辉。涂门饰演的铁木真在表演中也着重强调了这一点，如在得知孛儿帖已经怀上了别人的孩子的那一段，涂门的面部表情丰富而传神，把千万个内心的活动，和千万个决定的流转，表演得出神入化。饰演诃额伦的艾丽亚稍逊于电视剧中诃额伦的扮演者斯琴高娃，但基本再现了诃额伦贤淑大义的神韵。但导演太痴迷于成吉思汗情感的塑造，夸大了他个人感情在统一蒙古大业中的作用。然而值得一提的是，该片在1998年7月获得美国费城国际电影节故事片金奖之后。是中国内地唯一推荐参加1998年奥斯卡最佳外语片的竞选影片。在国内更是获得大小奖项竟达十几项之多。

❀ 2004年中央电视台推出26集历史连续剧《成吉思汗》

该剧由王文杰执导，巴森、萨仁高娃、赵恒煊、郑爽主演，耗资六千万。本剧完整地展现了一代天骄成吉思汗波澜壮阔的一生。从铁木真出生到统一蒙古，直至西征病逝，时间跨度长达80余年。该剧于2004年在中央电视台一套播出。

❀ 俄罗斯拍摄的《蒙古王》获得第80届奥斯卡最佳外语片提名

《蒙古王》是由俄罗斯著名电影导演谢尔盖·博德罗夫执导，孙红雷、浅野忠信主演的剧情片，讲述了一代天骄成吉思汗的早年生活。该片于2005年7月拍摄，获得第80届奥斯卡最佳外语片提名。本片是哈萨克斯坦参加，80届奥斯卡最佳外语片角逐的影片。影片的一个战争场景需要1500匹马以及相应的骑士参与拍摄，剧组从哈萨克斯坦辗转到中国拍摄的时候，这1500匹马和1500个骑士也跟随剧组来到了中国。这些马匹和骑士都没有拍摄影片的经验，所以在开拍前，剧组对它们进行了2个月的训练。本片荣获包括2008年亚洲电影节最佳配角奖（孙红雷）、2007年俄罗斯金鹰电影节最佳服装设计和最佳音效在内等国际电影节11个奖项。

✿ 2007 年由日本拍摄的
《苍狼：直至天涯海角》上映

（苍き狼 地果て海尽きるまで），是一部由泽井信一郎导演的电影，于 2007 年 3 月 3 日上映。该片主演为日本实力派男星反町隆史。日本与蒙古合作，描绘蒙古族的英雄成吉思汗一生的电影。原作是森村诚一的小说《直至天涯海角》。

✿ 《铁拳》导演称，
好莱坞新贵计划拍摄成吉思汗传记

Mtime 时光网 10 月 31 日报道 由饶舌歌星 RZA 自导自演，罗素·克劳、刘玉玲等联合主演的动作喜剧《铁拳》即将于北美上映，影片致敬 1970 年的中国功夫电影，大走复古搞笑路线，独特的武打设计和夸张的表演已经夺人眼球。虽然目前尚不能预料影片的票房前景和口碑情况，但 RZA 由歌星转型成为导演，显然已经成为好莱坞的一个"香饽饽"，他目前已经在接洽两部新片计划，看来他有望从饶舌音乐界跨行成为全职电影人。

从饶舌歌星转型
做导演的 RZA

RZA 首先洽谈的剧本是一部关于成吉思汗的传记片，达成协议的话，RZA 会出任影片的导演。影片讲述了成吉思汗从一统蒙古到征战欧洲的故事，片中还会涉及到他的孙子忽必烈，是一部视野很广的历史传记电影。RZA 表示这段历史非常激荡人心，但他不想表现的过于暴力，在战争场面的处理上，他还是需要一些独特的设计。

但成吉思汗这个项目因为剧本还尚在打磨阶段，而且因为涉及巨额的投资成本，能否最终成型尚需要进一步的观察。

——Mtime 时光网 2012 年 10 月 31 日

✿ 《建元风云》唐国强版成吉思汗不怒自威

唐国强戎装造型霸气十足，剧中唐国强是一位称职的祖父。

新浪娱乐讯 电视剧《建元风云》正在后期制作中，该剧由徐小明执导，胡军、佘诗曼、蔡雯艳、吴樾、唐国强、高发、马浚伟、吕良伟、巴森、哈斯高娃等主演。其中，唐国强饰演成吉思汗。

《建元风云》的故事从蒙金之战中，成吉思汗的孙子——忽必烈的出生写起，以史诗风格全景式展现了元朝建立的全过程。剧中，唐国强版成吉思汗目光深邃、雄姿英发，脸色沉静如水不怒自威。

剧中，忽必烈的出生就显得不同凡响，他的爸爸托雷（吕良伟

奥地利《成吉思汗一天启骑士》（2004）

英、德《成吉思汗（BBC）》（2005）

饰）捧着白羊毛毡中包裹着的这个战场上诞生的婴儿，目光射向草原的远方："长生天，感谢你赐给我新生命，孩子，你选择这个时刻出生，就意味着你将肩负蒙古的大任，现在我赐给你个名字，就叫——忽必烈。"而忽必烈与爷爷成吉思汗的第一次会面也颇有意思，宴会上，成吉思汗抱起这个孙子，眯着眼睛："我的孙子都是红彤彤的，只有这个孩子，黑黝黝的，他跟你们，都不一样。"听到这里，忽必烈的父亲母亲和周围的人都紧张起来，以为成吉思汗会不喜欢这个孩子，没想到，成吉思汗脸上忽然绽开笑容："他今后一定会干出跟你们不一样的事业！"众人都跟着喜笑颜开。

——来自东北网 2012 年 08 月 01 日

✖ 影帝出演《成吉思汗 2》同名电影

近期无论是影视文化还是网络游戏，东方帝王成吉思汗俨然重新回到了大家热议的舞台，不但 2010 网络扛鼎巨作《成吉思汗 2》火爆的宣传外，欧美影视也即将开展针对于成吉思汗的电影大片。

日前，好莱坞惊艳的男星米基·洛克，在宣传他参演的《钢铁侠 2》时透露，他将在约翰·米利厄斯编剧并导演的一部新片中扮演成吉思汗。极具巧合的是，此前有报道称制作发行网游大片《成吉思汗 2》的公司麒麟游戏，也有意将《成吉思汗 2》拍摄成电影大片，距离虽远，但东西方的企划却不谋而合。

✖ 网游《成吉思汗》夺下了四项大奖

德、前南斯拉夫、英、美《成吉思汗传》（1965）

在 2008 年中国游戏产业年会上，一家刚创建一年半时间的第三代网游公司，凭旗下的大型 3D 网游《成吉思汗》夺下了四项大奖。我们来看看 09 年最受期待的《成吉思汗》吧，麒麟游戏把灵感投向古老的东方文明及战争英雄，期待给人们带来新的刺激。为什么是《成吉思汗》？众所周知，成吉思汗所开创的元朝是中国乃至世界历史上，疆土面积最为广阔的一代帝国，那个时代所迸发出的勃勃不可抑止的创造力、扩张力、竞争力、进取力，确实太值得后人悠然神往。

关于这位帝王，我们有太多的疑惑和敬畏。这位古代战争史上最强的征服者，落魄贵族出身、却统一蒙古的草原苍狼，这个经历妻离子散、兄弟叛离的痛苦，依然登上世界巅峰的男人，还有那中国历史上最广阔的统治版图，一切的一切，都足以成为这个网游存在的理由。我们确定，《成吉思汗》网游的出现是众望所归。

哈萨克斯坦 / 俄 / 蒙 / 德《蒙古王》（2007）

——齐乐乐游戏网讯 2009 年 03 月 19 日

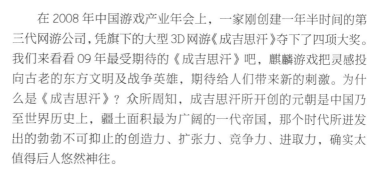

❈ 台湾制作出首部中文 3D 动画《成吉思汗》

台湾尔波国际发表首部由国人制作的 3D 动画影集《成吉思汗》，开启中文动画影集制作先河！

针对投身制作首部中文 3D 动画影集，尔波国际董事长罗钡表示："3D 动画科技的进步，让动画产业成为娱乐界发展的重要领域，台湾近年来在动画制作如游戏软件、影片后制等方面，有十分良好的技术基础，但是尚未创造出属于中文世界的动画品牌。在动画业界拥有多年制作经验与技术的尔波国际，未来将以创造自有 3D 动画品牌为目标，《成吉思汗》的推出，正是我们打造华人动画世界版图的第一步！"

——中国动画网讯

蒙古国 《永生的成吉思汗 》(2008)

❈ 中美日合拍电影"成吉思汗宝藏" 挑战西方偏见

1 月 23 日，美国导演奥利弗·斯通来华参加了在内蒙古鄂尔多斯成吉思汗陵举行的中美日三国合拍片《成吉思汗宝藏》（3D）的合作签约和启动仪式。

日前有媒体报道，美国导演奥利弗·斯通（代表作《刺杀肯尼迪》、《尼克松》、《华尔街》和《天生杀人狂》，近日来华参加了在鄂尔多斯成吉思汗陵举行的中美日三国合拍片《成吉思汗宝藏》（3D）的合作签约和启动仪式。斯通将以监制的身份参与这一项目，他声称自己的目的是"要挑战西方对成吉思汗的偏见"。

中美日三国合拍片 《成吉思汗宝藏》

电影《成吉思汗宝藏》，是中国少数民族电影工程中的一个重要项目。该工程是由国家民族事务委员会、中国作家协会与国家新闻出版广电总局电影局等单位支持的国家级重要文化项目。

中国少数民族电影工程制片部主任牛颂，昨日在接受记者采访时表示，该项目是一个由政府搭建、市场化运作的电影工作平台。寻求国际化合作，全球发行。

美、蒙、俄 《成吉思汗的意愿》（2009）

牛颂透露："奥利弗·斯通是一个有情怀的独立制片人，听说他一直想拍中国的题材影片有两个，一个是毛泽东，一个就是成吉思汗。"

1 月 23 日在启动仪式上，奥利弗·斯通在现场发言时说："在自己所接受的西方教育里，成吉思汗被描述成一个野蛮、凶残的征服者和毁灭者，后来才意识到成吉思汗在完成梦想和构建帝国的征程中有着自己的战术、装备和自己的理解，这些都给世人留下了宝贵的遗产，最重要的是他有着宽广的胸怀"。

中国香港《征服者》
（1956）

中国香港《成吉思汗－
大漠英雄传》（1987）

中国香港《射雕英雄传》
（1983）

中国香港《成吉思汗》
（1987）

他还说："出生时母亲就说我像个蒙古人，一直以来我在电影中表现出来的张力、野性和力量这些特质都是蒙古族所具有的。我对成吉思汗的崇拜，不只是因为他是一个伟大的民族英雄。"斯通表示，对西方历史观的偏见提出挑战，是他欣然接受这部影片监制职位的重要因素之一。

据悉，《成吉思汗宝藏》以成吉思汗陵为故事背景，讲述了一个年轻的达尔扈特守陵人，与一个具有成吉思汗家族血缘的美国青年人的探险经历，以此诠释 800 年来达尔扈特守陵人的忠诚不渝、坚守承诺和孝敬精神。影片由中、美、日三方共同投资拍摄，投资金额为 3 亿元人民币，将于今年夏天开拍，预计明年上映。（记者 李云灵）

来源：东方早报 2014 年 01 月 26 日

各国纷纷拍摄成吉思汗影视

⊗ 【延伸阅读】
影视作品中的成吉思汗形象（1976 年以来）

1976 年 香港佳艺电视台《射雕英雄传》：凌汗饰成吉思汗

1983 年 香港无线电视台《射雕英雄传》：秦沛饰成吉思汗

1986 年 中国大陆拍摄了第一部《成吉思汗》电影，
德力格尔饰成吉思汗

1987 年 香港亚洲电视《成吉思汗》：刘永饰成吉思汗

1987 年 香港无线电视《成吉思汗》：万梓良饰成吉思汗

1988 年 台湾中视版《射雕英雄传》：李志坚饰成吉思汗

1994 年 香港无线电视《射雕英雄传》：刘江饰成吉思汗

1997 年 《一代天骄成吉思汗》：涂们饰成吉思汗

2000 年 《成吉思汗》：巴森、科尔沁毕少格、锡林满达、达楞照
日格后依次三人饰演 16 岁、12 岁、9 岁时的铁木真

2003 年 内地版《射雕英雄传》：巴森饰成吉思汗

2005 年 谢尔盖·波德罗夫执导电影《蒙古王》：
浅野忠信饰成吉思汗

2007 年 日本拍摄《苍狼》：反町隆史饰成吉思汗

2008 年 内地版《射雕英雄传》：巴音饰成吉思汗

2013 年 《建元风云》：唐国强饰成吉思汗

2013 年 华语电影《止杀令》涂们饰成吉思汗

苏联 1928 年歌颂蒙古人的电影《亚洲风暴》

俄罗斯 2007 年全球公映大片《蒙古王》

俄罗斯 2011 年公映史诗巨作《伟大的成吉思汗意志》

✿【延伸阅读】
新"洗脑"神曲成吉思汗诞生

　　成吉思汗及其子孙在中世纪横扫欧亚大陆，攻城略地直至埃及、莱茵河、多瑙河沿岸。虽然血腥的战争给多国人民造成了灾难，却为欧洲的经济军事变革、东西方交流打开了畅通的大门。所以在不少欧洲文艺工作青年的心中，成吉思汗和蒙古草原上的英雄，都是伟大的英雄。

　　近日，一首由德国乐队演唱的，名为成吉思汗的歌曲在网上走红，其"洗脑"的程度绝不亚于最炫民族风、江南 style 等神曲，瞬间被网友们奉为新神曲。下面就让我们感受一下新神曲的魅力，看看它到底神在哪儿？

　　从画面中演员的服饰就能看出这首歌年代久远了，另外这首歌还有中文、日文和粤语等多个版本，可想而知这首曲子在当时一定是红极一时，现在突然又被挖了出来，相信一定又触动了不少人的那根怀旧神经吧。

——中国时报 2013 年 07 月 01 日

蒙古人成为以色列历史的重要组成部分

 1260 年 9 月，以怯的不花（旭烈兀的头号悍将）统帅的蒙古军与穆马鲁克军在今约旦河左岸贝桑附近的艾因 - 扎卢特决战。蒙古军队因低估了穆马鲁克骑兵的野战能力，又被引诱进了对方设下的陷阱，结果寡不敌众（蒙古军队只有二万五千人），蒙古士兵全部力战而死。史学家斯塔夫里阿诺斯认为，艾因——扎卢特战役"挽救了伊斯兰教世界"。然而，1260 年 11 月，旭烈兀派遣仅六千人的蒙古军再一次攻克波和哈马两城。1263 年，伊儿汗合赞统帅的蒙古军曾占领包括耶路撒冷在内的以色列地区数月，在巴勒斯坦等地蒙古人的影响持续了相当长的时间。就这样，蒙古人已成为以色列历史的重要组成部分。

 在以色列，从 20 世纪初开始研究蒙古人及蒙古人的文化，至 20 世纪末这一研究得到了长足发展。到了 21 世纪，以色列的蒙古学进入了新的发展阶段，涌现出了很多著名学者和研究著作，尤其以犹太大学为中心的以色列蒙古学得到了前所未有的发展。

——摘自德力格尔著《犹太人和蒙古人的文化》

版画 乌恩琪作

世界华人终身成就奖
获得者叶嘉莹先生倾情
推荐读成吉思汗的书

《永不言败的成吉思汗》，是作家胡刃的最新力作，2015年中华书局出版。该书是专为孩子们设计的经典图书，用漂亮的图文讲经典故事，用孩子们的语言读历史典籍。

此书节选了成吉思汗一生中二十多个生活片段，故事情节生动有趣、引人入胜，会让孩子们记忆深刻、意犹未尽。该书就是为了让孩子了解历史，并激励他们奋发有为。同时，通过这一系列故事，立体地再现了成吉思汗战斗的一生，以此激励青少年积极向上，奋发有为。

儿童们读这本书后，收益匪浅，他们说：真没想到中国历史上还出现过这样一位大英雄，成吉思汗是千年风云第一人，他的丰功伟绩，在人类历史上几乎没有人可以与之相提并论。

注：叶嘉莹先生是著名古典文学学家、哈佛大学客座教授、加拿大皇家学会院士

铁马金帐

任正非：要称霸世界就得做"成吉思汗的马掌"

点评/解读：陈雨点（华夏基石e洞察特约撰稿人，天使投资人）

去年底，华为总裁任正非在消费者BG服务策略汇报会上讲话表示：CBG服务体系要做"成吉思汗的马掌"，支撑我们服务世界的雄心。朴实的语言和简单的道理折射出的却是大智慧！可能任何一个公司都可以学，但真正能学到的没有任何一家，这是华为独特的方式。

要称霸世界就要钉马掌，没有钉马掌，马蹄是软的，很快就磨损了，成吉思汗也不能称霸世界。所以服务就要做"成吉思汗的马掌"，支撑我们称霸世界的雄心。

1、创新人力资源政策，打造多层次服务队伍，快速建立全球服务能力。服务就是硬件服务和软件服务。

2、通过建设华为直接管理的"客户服务中心"，充分授权，打造华为服务好，服务快，效率高的核心服务能力。

3、抓住机会，加大对服务投入，加快服务体系建设，支撑市场的快速发展。

我们加快服务体系的建设，就是称霸世界的准备，就是"成吉思汗的马掌"。

任总的管理思想多出自军事典故，在历史讲话中出现过：俄罗斯军队、美军、解放军等出色的军队故事。近日任总就终端服务的讲话《华为终端服务要做"成吉思汗的马掌"》中提到了成吉思汗，不过，任总未提成吉思汗在军事上出色的战略、战术，而把立足点放在了马掌之上——"成吉思汗的马掌"。

——来自今日头条——科技Plus；管理创新联盟（ID：innounion）（2016-02-16）

澳籍华人连续四年中国"寻根"：搜集成吉思汗家族史料

思沁画

中新网呼和浩特6月28日电（记者 李爱平）"搜集成吉思汗家族的史料，条件成熟时再写一部专著。"28日下午，69岁的澳籍华人、成吉思汗后裔白莹在内蒙古自治区呼和浩特市对记者表示，这是他连续四年来中国"寻根"中最幸福的事，也是今后的主要工作。

满头白发的白莹，出生于北京，上世纪90年代移居澳洲。作为成吉思汗黄金家族后裔，他曾在2010年来内蒙古大学专门攻读蒙古学博士，成为该校攻读博士中年龄最大的外籍华人，那一年他63岁。

2012年顺利毕业后，白莹正式展开对其家族历史的"寻根"之旅。

从2013年至今，白莹连续四年来中国寻根，而走的最多的地方除了内蒙古就是北京。白莹说，这期间他还出版了《成吉思汗及其显赫家族》一书，因填补该领域空白，引发学界热议。

"这本书的出版也得到了澳洲国立大学的重视，该大学目前已聘任我为荣誉副教授。"

白莹透露，接下来他将奔赴北京市大兴区就该区建设"元大都历史文化公园"事宜展开交流。作为北京市大兴区的顾问，白莹将负责元大都历史文化公园中"元朝历史纪念馆"的相关工作。

——来自中国新闻网 2016-07-20

成吉思汗创下了 12 个 "世界之最"

世界上最早的成吉思汗画像

✿ 成吉思汗在历史上创造了许多辉煌和极限
编著者根据各国学者的研究成果
概括为 12 个"世界之最"

（一）创建了世界上版图最大的帝国。

成吉思汗铁木真历经二十几年浴血奋战，先后有四十多个国家，七百多个民族都归附于蒙古帝国。其版图之大真可谓前无古人，后无来者。据有关史料记载，当时的版图横跨欧亚大陆，达三千多万平方公里，是现在中国版图的三倍之多。

（二）发动了人类历史上规模最大的战争。

成吉思汗所发动的战争规模之大，范围之广，前无古人，后无来者。他只有二十万骑兵，却发动了前所未有的大战，战胜了经济、文化比较发达，有几千万人口，拥有几十万、几百万大军的金国、南宋、花剌子模等。

巴雅尔画

（三）最早建立了运输联络系统。

　　成吉思汗组建了"箭速传骑"的最快通讯兵。他们靠沿途设的驿站，日行数百里，及时将大汗的命令传达到所有部队，又把前线的战况转呈到最高指挥部，从而保证了情报的及时传递和战斗的胜利。这一完善的驿站系统，又把辽阔领域的各个部分彼此联结，畅通无阻。

（四）将军事艺术推向冷兵器时代的最高峰。

　　成吉思汗发明"闪电战"，加强骑兵的武技，创建第一流先进武器和优良素质的军队，导演出了人类战争史上仅见的有声有色威武壮观的一幕幕活剧，将军事艺术推向冷兵器时代的最高峰。

（五）人类历史上最大的成功者。

　　成吉思汗一生进行了 60 多场战斗，没有一次失败过。他每逢必战、战必胜的神奇将人类军事天赋穷尽到了极点。史学家称："孙子是伟大的军事理论家，而成吉思汗则是百战百胜的军事实践家"。

（六）世界历史上影响最大的人物。

成吉思汗及其后裔在西方统治了250年之久。对整个世界来说，成吉思汗死后的影响比他生前更大，一直到现在仍然在影响世界。西方学者称成吉思汗为"全人类的帝王"；日本军事家说，成吉思汗的诞生改变了世界的方向，促进了东西文化交流。

（七）最早实行政治民主的帝王。

成吉思汗即位后，开创了民主推选可汗之先河，凡是重大问题决策，都是召开大忽里勒台（部落联盟的首领参加的一种议会制度）决定。成吉思汗建立蒙古大帝国后，确立了千户制、扩建怯薛军，设置"治政刑"的"断事官"，颁布了蒙古第一部成文法——《大札撒》。

（八）千年来世界最富有的人。

当时，蒙古人打下三千多万平方公里的土地，欧亚大陆的大部分都汇入蒙古帝国的版图，是世界上最大的帝国。如果按征服土地和财富来计算，成吉思汗可称"天下最富"。日本专家估算，成吉思汗是人类历史上千年首富，他墓穴中的陪葬品，足够现代蒙古人坐吃三百年。

（九）世界上受祭祀最多的帝王。

成吉思汗的祭祀活动，发端于窝阔台汗时代，完善于元朝年间。时至今日，悠悠七百多年，蒙古民族的人民大众对此一直恪守不渝，成吉思汗祭奠，已成为全民族的祭奠。像成吉思汗祭奠这样，能够在如此漫长的年代，保持其原有定例而不稍改，这在历史上实属罕见。

（十）奉行宗教信仰最自由的政策。

成吉思汗亲自规定，一切宗教都应受到尊重，不得偏爱，对于各种教士都应恭敬对待。他在东方和西方的所有后裔，历代都忠实地遵守了这项原则，一是容许各种宗教合法存在；二是对宗教职业者进行优待，规定各宗派之教师、教士、巫师以及其他学者，悉皆豁免赋税。

（十一）最早提出并实践了"全球化"。

当时，成吉思汗的骑兵铁蹄冲出了亚洲踏进了欧洲大地，设置了钦察道、波斯道等国际交通网，远通波斯、叙利亚、俄罗斯和欧洲各国，设驿站，天堑变通途，连接了世界各地。学者们认为这是今天的全球化之前的一种跨地区国际体系。

（十二）一生留下了最多的"谜"。

为什么一个只有十几万军队的蒙古汗国居然可以战胜经济、文化比较发达，有几十万、几百万大军的大国，从而征服了半个世界？成吉思汗及其子孙军事征服活动的成功，给后人留下了许多谜。成吉思汗出生是个谜、死是个谜，他的葬地更是谜，至今未找到。

——摘自《千年风云第一人——世界名人眼中的成吉思汗》第一版，民族出版社，2003年

乌兰察布和林格尔东汉墓壁画摹本
这是墓主人经过居庸关去草原的写照，真可谓重走"草原丝绸之路"

成吉思汗是草原丝路的
重启者和振兴者

草原丝绸之路与成吉思汗有着千丝万缕的关系。

自古以来，就存在着一条草原丝绸之路。但后来由于诸国纷争，东西方交通严重受阻，这条草原丝路渐渐衰退，以至中断。成吉思汗崛起，建立横跨欧亚大陆的蒙古帝国之后，这条草原丝绸之路便开始重新回复，渐渐得到复兴。

13 世纪，称草原丝绸之路为"黄金纽带"。《蒙古秘史》（第254 节），在叙述成吉思汗为什么突然转身西征的原因时有这样一段记载：成吉思汗因为派往撒儿塔兀勒（花剌子模国）的兀忽纳等100 名使臣被截杀了，就说："撒儿塔兀勒部切断了我们的'黄金绳索'，还能饶他吗？给兀忽纳等100 名使臣报仇雪恨，去征服撒儿塔兀勒部！"

《蒙古秘史》上记载的"黄金绳索",用现代语讲就是"黄金纽带"。学者们认为,西征给封建经济带来了血与火的灾难,同时也摧毁了横亘于东西方传统贸易之路上的种种障碍,为蒙元时期丝路贸易提供了有利的社会环境。这客观上促使古代欧亚诸民族、族群走出了孤立封闭的地域,逐步摆脱了复杂的陆上丝绸之路的通商关卡,开启了对外交流门户的通道。法国东方学家勒内·格鲁塞在谈到西征造成恶果的同时,指出:"蒙古人几乎将亚洲全部联合起来,开辟了洲际的道路,便利了中国和波斯的接触,以及基督教和远东的接融。""。他开辟了'驿路',设置了'驿骑',把驿站延伸到了西域。设置了钦察道、波斯道等国际交通网,远至波斯、叙利亚、俄罗斯和欧洲各地,设立驿站,天堑变通途,连通了世界各地。一时间,畏兀儿蒙古文成了世界文字,就像今日的英文一样广泛通用于被占领国家和地区。"(蒙古国著名史学家沙·比拉)"信使可以纵横50个经纬度,一个少女怀揣一袋金子,可以安心遨游这个广大的帝国"。使得东西交流为之畅通、欧亚文化为之交流,"这是人类之间最广大而开放的一次握手"(美国传记作家 哈罗德·莱姆)。

成吉思汗亲手编制的"黄金纽带",实际上是指蒙古草原地带沟通欧亚大陆的商贸大通道,与传统意义上的"丝绸之路"相比,分布的领域更为广阔,只要有水草的地方,就有路可走。到了蒙古帝国时期,这条"黄金纽带"达到了顶峰,道路畅通,商业兴盛,国际关系空前活跃。它不仅是一条商业要道,而且成了东西方之间政治、经济、文化交流的"桥梁"。

事实证明,成吉思汗既是草原丝路的重启者,又是振兴者。岁月能够修正对历史的认识。今天,对这个观念和结论,世界各国的学者不但有了认同,而且给予了很高评价。

草原丝绸之路的回复和复兴,是一件特殊性的历史现象,在中西关系史上的重要地位,它作为"黄金纽带",传播了中华文明,缔造全球化贸易的雏形。在"心无界,路无限"理念的推动下,出现了一种全球出击、全球互动的贸易、人员、资本、信息的大流动,有力地促进了"全球一体化"的进程。

当世界进入二十一世纪时,经贸文化的全球扩展,使不同国家变为相互依存的整体,信息思想的自由传播,把天涯海角变成毗邻村庄。相信,成吉思汗亲手编织的"黄金纽带",作为现代文明的象征,无疑对"一带一路"战略的实施提供有益的启示。

——摘自《成吉思汗与草原丝绸之路》(作者卞洪登为经济学博士 全球总裁联合会秘书长 "丝绸之路国际合作论坛"执行主席)

致读者

《千年风云第一人——来自世界的东方崇拜》一书，今天终于与读者见面了。这是我们多年搜集、整理、探索和研究成吉思汗文化的重要成果。

该书收录了世界约 60 个国家的 266 条新闻报道。准确地说，这不是专著，而是众人作品的汇集。所以，在这本书出版之际，首先要重重地感谢作品的主人。当然，由于水平有限，纰漏之处在所难免，再加上种种原因，对个别作品的作者（包括文字和图片）还未来得及打招呼，敬请谅解。

我们也很幸运，在编写、排版和出版过程中，得到了各方面的热情支持和无私帮助。此时此刻，我们想起了中国一句老话："众人拾柴火焰高"。感谢内蒙古人民出版社；感谢编辑樊志强同志前期做了很多工作；感谢朱莽烈、郝乐先生；感谢巴根那老师和他的学生乌达穆；感谢哈日巴拉、海日瀚、孟坤先生；感谢胡匪、李升先生；感谢广东省内蒙古商会、深圳内蒙古商会和布日古德先生等等。特别感谢乌可力基金会及内蒙古大学乌可力奖学金。

策划者、编著者 2016 年 10 月

乌可力（左二）：教授、全国劳动模范、中国航天大奖获得者
额尔敦扎布（右二）：作家、内蒙古人大原常委、民族委员会主任
巴拉吉尼玛（右一）：教授、内蒙古成吉思汗文献博物馆创始人
张继霞（左一）：研究员、内蒙古成吉思汗文献博物馆创始人

图书在版编目（CIP）数据

千年风云第一人：来自世界的东方崇拜

巴拉吉尼玛、额尔敦扎布、张继霞·编著

—呼和浩特：内蒙古人民出版社，2016.10

ISBN978-7-204-14151-7

Ⅰ.①千… Ⅱ.①巴… ②额…③张…

Ⅲ.①成吉思汗（1162-1227）- 人物研究　Ⅳ.① K827＝47

中国版本图书馆 CIP 数据核字（2016）第 157661 号

千年风云第一人： 来自世界的东方崇拜

策　　划	乌可力	
编　　著	巴拉吉尼玛　额尔敦扎布　张继霞	
责任编辑	吕伟	
封面设计	胡匪	
排版设计	李升	
出版发行	内蒙古人民出版社	
地　　址	呼和浩特市新城区中山东路 8 号波士名人国际 B 座 5 楼	
网　　址	http:/www.nmgrmcbs.com	
印　　刷	北京市十月印刷有限公司	
开　　本	787mm × 1092mm 1/16	
印　　张	15	
字　　数	250 千	
版　　次	2016 年 10 月第 1 版	
印　　次	2016 年 10 月第 1 次印刷	
印　　数	1-5000 册	
书　　号	ISBN 978-7-204-14151-7/Z · 990	
定　　价	88.00 元	

图书营销部联系电话：（0471）3946298　3946267

如发现印装质量问题，请与我社联系，联系电话：（0471）3946120